First Published in North America in 2020 by
Gingko Press, Inc.
2332 Fourth Street Suite E
Berkeley, CA 94710 USA
books@gingkopress.com
www.gingkopress.com

Editorial project:
2020 © **booq** publishing, S.L.
c/ Domènech, 7-9, 2º 1ª
08012 Barcelona, Spain
T: +34 93 268 80 88
www.booqpublishing.com

ISBN 978-1584237501

Editorial coordination:
Claudia Martínez Alonso

Art direction:
Mireia Casanovas Soley

Edition:
Macarena Abascal Valdenebro

Translations:
Thinking Abroad

Printed in Spain

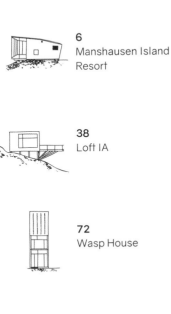
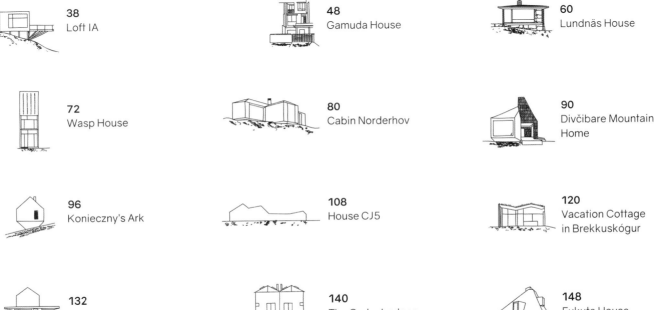

Throughout history, the construction of houses has faithfully reflected the way the people who inhabit them live, their uses and customs, as well as being a symbol of their social status: the larger the house the richer you appear to be.

Nevertheless, times have changed and there is a growing tendency to build ever smaller houses. These houses aim to be functional, efficient, without superfluous elements, but without renouncing the comforts of a larger home. In urban settings, these types of designs have often been borne out of necessity, looking for ever more ingenious living solutions to make the most of the space available.

To achieve a greater sense of space, light plays a key role in these houses. They often have large windows, sometimes replacing entire walls, turning these types of houses into huge window displays of everyday life. However, although many are in the middle of natural settings, there is no loss of privacy, in fact quite the opposite: they let the occupants enjoy the landscape around them without having to leave the house.

Respect for the environment is also a priority when building of these houses: the designs constantly adapt to their environment. In many cases they use recycled or reusable materials or materials obtained from local sources, meaning shorter transportation times, less fuel consumption and therefore lower environmental contamination. They also include technologies which use renewable energy such as solar photovoltaic panels or technologies which reduce water consumption or make use of rainwater. This interest in energy efficiency and sustainable construction has led to an expansion of alternatives to traditional construction, of which the modular house is the most well-known and is, for many architects and builders, the house of the future.

All this is reflected in the pages of this book, which includes a wide range of houses from all over the world, none bigger than 125 square metres, and all offering intelligent and ingenious design and construction solutions with an attractive aesthetic whilst aiming to respect the environment and adapt to their setting.

Schon seit jeher ist die Baugestaltung von Wohnstätten ein getreues Abbild der Lebensweise der Personen, die darin leben, ihrer Sitten und Gebräuche sowie ein Symbol des sozialen Status: Je größer die Wohnstätte, umso größer der Reichtum.

Doch die Zeiten haben sich geändert, und es gibt einen ständig wachsenden Trend, Häuser mit geringeren Abmessungen zu bauen. Sie sollen funktional und effizienz sein und auf überflüssige Elemente verzichten, ohne dabei jedoch auf die Annehmlichkeiten zu verzichten, die größere Wohnstätten bieten. Im städtischen Umfeld ist diese Art der Gestaltung in vielen Fällen zu einer Notwendigkeit geworden, bei der immer intelligentere Wohnlösungen gesucht werden, die in der Lage sind, den vorhandenen Wohnraum maximal auszunutzen.

Um ein größeres Gefühl von Geräumigkeit zu erzielen, spielt das Licht in diesen Wohnstätten eine grundlegende Rolle. Deshalb haben sie in der Regel große Fenster, die in manchen Fällen sogar die Wände ersetzen und diese Art von Häusern in große Schaufenster des Alltags verwandeln. Da jedoch viele von ihnen mitten in der Natur angesiedelt sind, gibt es keine Probleme wegen mangelnder Privatsphäre, sondern das Gegenteil ist der Fall: Dank dieser Fenster lässt sich die Schönheit der Landschaft, die das Haus umgibt, genießen, ohne es verlassen zu müssen.

Auch Respekt vor der Umwelt ist eine Priorität beim Bau. Die Gestaltung der Wohnstätten passt sich immer mehr an deren Umfeld an. In vielen Fällen werden wiederverwertbare Materialien, Recycling-Material oder Material verwendet, das aus lokalen Rohstoffen gewonnen wird, was kürzere Transportzeiten, einen niedrigeren Kraftstoffverbrauch und folglich eine geringere Umweltverschmutzung ergibt. Ferner werden Technologien eingebunden, die erneuerbare Energien einsetzen, wie etwa Photovoltaikanlagen, oder auch andere Technologien, die den Wasserverbrauch senken oder das Regenwasser für verschiedene Zwecke ausnutzen. Dieses Interesse an Energieeffizienz und nachhaltiger Bauweise hat die Verbreitung von Alternativen zur herkömmlichen Baugestaltung bestimmt, wobei die Modulbauweise die bekannteste und für viele Architekten und Bauherren die Wohnstätte der Zukunft ist.

All dies spiegelt sich auf den Seiten dieses Buches wider, wo sich eine breite Palette von Wohnstätten aus der ganzen Welt vor Ihnen ausbreitet, die maximal 125 Quadratmeter groß sind und intelligente und geniale Gestaltungslösungen mit einer gepflegten Ästhetik verbinden. Ziel der Wohnstätte ist, die Umwelt im höchstmöglichen Maß zu respektieren und sich an das Umfeld anzupassen.

Au fil de l'histoire, la construction des habitations a été le reflet fidèle du mode de vie des personnes qui y vivent, de leurs us et coutumes, ainsi qu'un symbole de leur statut social : plus la maison est grande, plus la richesse est mise en valeur.

Les temps ont néanmoins changé et il existe maintenant une tendance grandissante de construire de petites maisons. On recherche la fonctionnalité, l'efficacité, sans élément superflu, mais sans pour autant renoncer au confort des grandes maisons. À la ville, ce type de conceptions est devenu bien souvent une nécessité, à la recherche de solutions d'habitabilité de plus en plus intelligentes qui permettent de rentabiliser au maximum l'espace disponible.

Pour obtenir une plus grande sensation d'espace, la lumière joue un rôle fondamental dans ces maisons. Pour cela, elles disposent de grandes baies vitrées qui peuvent être parfois remplacées par des murs, transformant ce type de maison en grandes vitrines du quotidien. Néanmoins, comme la majorité d'entre elles se trouve en plein cœur de la nature, elles ne manquent pas d'intimité, bien au contraire : elles permettent de profiter de la beauté du paysage des environs sans sortir de la maison.

Le respect de l'environnement est également une priorité dans leur construction : les conceptions des maisons s'adaptent de plus en plus au cadre. En de nombreuses occasions, on a utilisé des matériaux recyclables, recyclés ou obtenus à partir de matières premières locales, ce qui engendre une baisse du temps de transport, de la consommation de combustible et, par conséquent, de la contamination environnementale. On a également intégré des technologies qui utilisent les énergies renouvelables tels que les panneaux solaires photovoltaïques ou d'autres qui réduisent la consommation hydrique ou qui permettent de profiter de la pluie pour diverses utilisations. Cet intérêt pour l'efficacité énergétique et la construction écologique a déterminé la diffusion d'alternatives à la construction traditionnelle, sachant que la plus connue est la maison modulaire qui, pour de nombreux architectes et constructeurs, sera la maison du futur.

On retrouve tout ceci au fil des pages de ce livre dans lequel on présente un vaste éventail de maisons du monde entier, de 125 mètres carrés maximum, qui offrent des solutions de conception et de construction intelligentes et ingénieuses avec une esthétique soignée dans le but de respecter au maximum la nature et de s'adapter à l'environnement dans lequel elles se trouvent.

A lo largo de la historia la construcción de las viviendas ha sido fiel reflejo del modo de vivir de las personas que las habitaban, de sus usos y costumbres, así como un símbolo de su estatus social: a mayor tamaño, mayor muestra de riqueza.

Sin embargo, los tiempos han cambiado y existe una tendencia cada vez mayor a construir casas de dimensiones más reducidas. Se busca que sean funcionales, eficientes, sin elementos superfluos, pero sin que ello suponga una renuncia a las comodidades propias de las de gran tamaño. En entornos urbanos, este tipo de diseños se ha convertido en muchas ocasiones en una necesidad, buscando soluciones de habitabilidad cada vez más inteligentes que permitan sacar el máximo provecho al espacio disponible.

Para conseguir una mayor sensación de amplitud, la luz desempeña un papel fundamental en estas viviendas. Por ello, suelen tener grandes ventanales, que en ocasiones pueden llegar a sustituir las paredes, convirtiendo este tipo de casas en grandes escaparates de lo cotidiano. No obstante, al estar muchas de estas ubicadas en medio de la naturaleza, no existen problemas de falta de intimidad, sino todo lo contrario: permiten disfrutar de la belleza de los paisajes de su alrededor sin necesidad de salir de casa.

El respeto por el medio ambiente es también una prioridad en su construcción: los diseños de las viviendas se adaptan cada vez más a su entorno. En muchos casos se emplean materiales reciclables, reciclados o materiales obtenidos de materias primas locales, lo cual redunda en menores tiempos de transporte, una reducción del consumo de combustible y, por consiguiente, de la contaminación ambiental. Se incorporan además tecnologías que utilizan energías renovables tales como placas solares fotovoltaicas o también otras que reducen el consumo hídrico o que aprovechan la lluvia para diferentes usos. Ese interés hacia la eficiencia energética y la construcción sostenible, ha determinado la difusión de alternativas a la construcción tradicional, siendo la más conocida la vivienda modular, que para muchos arquitectos y constructores será la vivienda del futuro.

Todo ello queda reflejado a través de las páginas de este libro, donde se muestra un amplio abanico de viviendas de todo el mundo, de no más de 125 metros cuadrados, que ofrecen soluciones de diseño y construcción inteligentes e ingeniosas con una estética cuidada y con el objetivo de respetar al máximo el medio ambiente y de adaptarse el entorno en el que se encuentran.

This resort is on an island which has historical importance in the fishing industry. This can be seen from the large stone piers on which the different cabins sit, with part of the house structure hanging over the sea. These piers were positioned to ensure the best panoramic views possible while protecting the occupants' privacy.
To minimise the impact on the surroundings, the outer construction is in larch, which over time fades to a grey colour, blending in with the rocky landscape around the house. The front glazing guarantees a sense of complete connection with nature.

Dieser *Resort* befindet sich auf einer Insel, die historisch gesehen ein wichtiger Ort für den Fischhandel war. Der Beweis dafür sind die sperrigen Steinquais, auf denen die verschiedenen Häuschen stehen. Sie haben ein Tragwerk, das teilweise als Auskragung auf das Meer hinausragt. Dank Standort und Ausrichtung dieser Häuschen können die Bewohner Panoramablick und Privatleben zugleich genießen.
Um die Auswirkung auf das Umfeld zu mindern, wurde der äußere Aufbau aus Lärchenholz hergestellt, das mit der Zeit einen gräulichen Farbton nimmt und folglich mit der felsigen Landschaft um sie herum verschmilzt. Die Frontverglasung sorgt für ein Gefühl des absoluten Kontakts mit der Natur.

Ce *resort* est situé sur une île qui fut historiquement un lieu important pour le commerce de la pêche. Preuve de cela : ses nombreux quais en pierre sur lesquels se trouvent diverses maisonnettes avec une structure partiellement saillante sur la mer. La position et l'orientation de celles-ci sont prévues pour profiter au maximum des vues panoramiques tout en préservant l'intimité de leurs occupants.
Pour réduire l'impact sur l'environnement, la construction externe a été réalisée en bois de mélèze qui, au fil du temps, devient grisâtre, se fondant ainsi dans le paysage rocheux des alentours. Le vitrage de la façade avant assure une sensation de contact absolu avec la nature.

Este *resort* está situado en una isla que históricamente fue un importante punto para el comercio de la pesca. Prueba de ello son sus voluminosos muelles de piedra sobre los cuales descansan las diferentes casitas que lo conforman, con una estructura parcialmente en voladizo sobre el mar. La posición y orientación de estas se basó en alcanzar el máximo disfrute de las vistas panorámicas y al mismo tiempo privacidad para sus ocupantes.
Para minimizar el impacto en el entorno, la construcción externa está realizada en madera de alerce que con el tiempo toma una tonalidad grisácea, fundiéndose así con el paisaje rocoso de su alrededor. El acristalamiento frontal garantiza una sensación de absoluto contacto con la naturaleza.

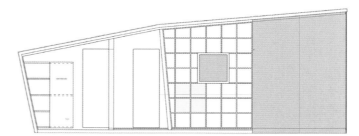

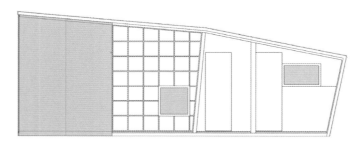

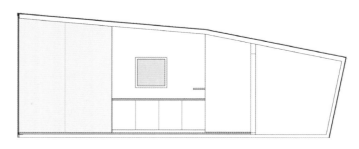

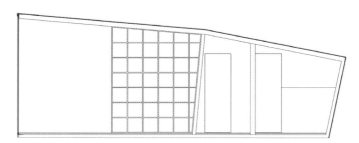

Sections

9

The main bed is slightly set back from the glazed area to enjoy the view all day but with a feeling of being comfortably sheltered from the elements.

Das Hauptbett steht etwas weiter von der Glasfront entfernt, damit die Bewohner den ganzen Tag die externen Elemente genießen können, doch mit dem Gefühl, in Behaglichkeit geschützt zu sein.

La chambre parentale est légèrement en retrait de la baie vitrée afin de profiter durant la journée des éléments externes avec la sensation d'être confortablement à l'abri.

La cama principal está ligeramente retirada de la zona acristalada para disfrutar durante todo el día de los elementos externos pero con la sensación de estar confortablemente resguardado.

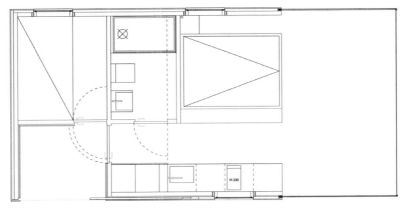

Floor plan

The cabins are designed to offer shelter and comfort while underlying the spectacular experience of the outside elements: the sea, the landscape, the changing light and seasons.

Durch ihre Gestaltung bieten die Häuschen Schutz und Komfort. Gleichzeitig lassen sich Elemente der Außenwelt wie Meer, Landschaft, sich verändernde Lichter und die unterschiedlichen Jahreszeiten dadurch hautnah erleben.

Les maisonnettes sont conçues pour offrir un abri et des commodités tout en soulignant l'expérience spectaculaire des éléments de l'extérieur : la mer, le paysage, les lumières changeantes et les diverses saisons.

Las casitas están diseñadas para ofrecer resguardo y comodidad a la vez que subrayar la espectacular experiencia de los elementos del exterior: el mar, el paisaje, las luces cambiantes y las diferentes estaciones.

In the middle of a forest of Emory oaks, the house is a rectangular space constructed in *lavacrete*, a material made from a mix of volcanic rock, cement and water set in a framework. These walls create the structure, the finish and provide insulation.
The layout includes two bedrooms opposite a living area. This is separated from the bedrooms by a hallway with double-leaf doors on both sides, connecting the space to the outside and filling the area with natural light when the doors are opened.
Cooling is achieved through cross ventilation from the hallway and by opening the windows. Heating is provided by a wood-burning stove and fireplace and water is from a well.

Inmitten eines Emory-Eichenwaldes erhebt sich dieses Haus, ein rechteckiges Volumen, das aus *Lavacrete* erbaut wurde, einem Material, das aus einer Mischung von Vulkangestein, Zement und Wasser besteht, die in die Schalung eingesetzt wird. Diese Wände bilden Tragwerk und Fertigbearbeitung und dienen der Dämmung.
Die Gliederung des Grundrisses umfasst zwei Schlafzimmer gegenüber dem Wohnbereich und abgetrennt durch einen Hausflur mit Doppeltüren zu beiden Seiten. Sind diese Türen geöffnet, verbinden sie den Raum mit dem Außenbereich und erfüllen ihn mit Tageslicht.
Abkühlung wird mittels Querlüftung durch Diele und Fensteröffnungen erzielt. Als Wärmequelle dienen ein Holzofen und ein Kamin, und das Wasser kommt aus einem Brunnen.

Au milieu d'une forêt de chênes d'Emory émerge cette maison rectangulaire construite avec du *lavacrete*, un matériau composé d'un mélange de pierre d'origine volcanique, de ciment et d'eau mise dans un coffrage. Ces murs créent la structure, la finition et offre une isolation.
La structure du plan est composée de deux chambres, opposées à un séjour et séparées par un vestibule à deux portes des deux côtés qui, lorsqu'elles sont ouvertes, connectent l'espace à l'extérieur le remplissant ainsi de lumière naturelle.
Le refroidissement est possible grâce à la ventilation croisée dans le vestibule et les ouvertures des fenêtres. La source de chaleur est obtenue grâce à un poêle en bois et une cheminée et l'eau provient d'un puits.

En medio de un bosque de robles emory emerge esta casa, un volumen rectangular construido con *lavacrete*, un material compuesto por una mezcla de piedra de origen volcánico, cemento y agua metida en un encofrado. Estas paredes crean la estructura, el acabado y ofrecen aislamiento.
La estructura del plano la componen dos dormitorios, opuestos a una zona de estar y separados por un zaguán con puertas de doble hoja a ambos lados que, cuando están abiertas, conectan el espacio al exterior llenándolo de luz natural.
La refrigeración se consigue por medio de la ventilación cruzada a través del zaguán y las aberturas de las ventanas. La fuente de calor se consigue a través de una estufa de madera y una chimenea y el agua proviene de un pozo.

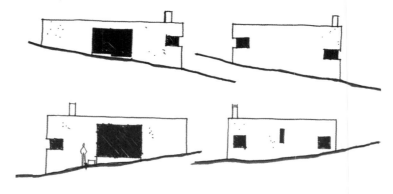

Elevations

Thanks to the use of *lavacrete* in the construction, the house blends harmoniously into its surroundings, as if it were part of the environment, among the oak trees and the rocks.

Durch den Einsatz von *Lavacrete* für den Bau verschmilzt das Haus harmonisch mit seiner Umgebung und wirkt wie ein Teil dieser Umgebung inmitten von Eichen und Felsen.

Grâce à l'utilisation de *lavacrete* pour sa construction, la maison se fond de manière harmonieuse dans le cadre paraissant ainsi y appartenir, parmi les chênes et les rochers.

Gracias al empleo de *lavacrete* para su construcción, la casa se funde armoniosamente con el entorno, pareciendo como si perteneciese a este, en medio de los robles y las rocas.

The doors can be configured in different ways to take advantage of solar gains and make use of air currents. When the temperature is good, the hallway is a protected space, ideal for use as a living area, dining area and place to relax.

Die Türen lassen sich auf verschiedene Art und Weise einstellen, um den Sonneneinfall und den Einsatz der Luftströme zu steuern. Ist die Temperatur gut, so stellt der Hausflur einen geschützten Raum dar, der sich als Sitz- Ess- und Ruhebereich eignet.

Les portes peuvent se configurer de plusieurs manières afin de contrôler le gain d'énergie solaire et l'utilisation des courants d'air. Lorsque la température est correcte, le vestibule devient un espace protégé idéal comme séjour, salle à manger et espace de détente.

Las puertas pueden configurarse de diversos modos para controlar la ganancia solar y el empleo de las corrientes de aire. Cuando la temperatura es buena, el zaguán es un espacio protegido ideal como zona de estar, comedor y descanso.

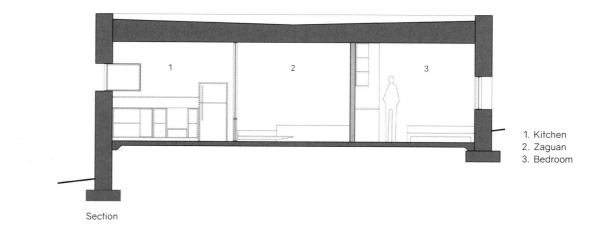

1. Kitchen
2. Zaguan
3. Bedroom

Section

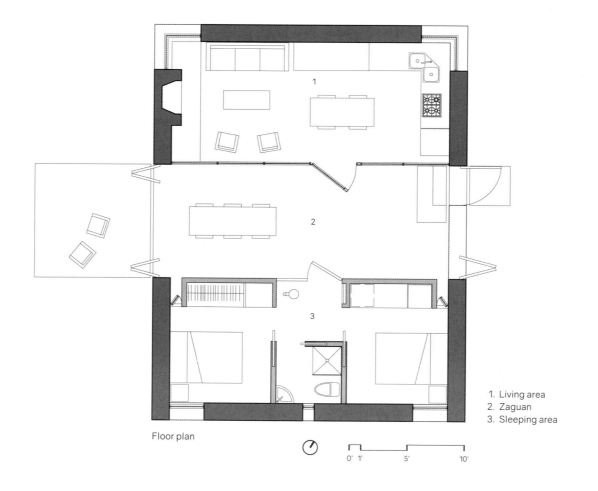

1. Living area
2. Zaguan
3. Sleeping area

Floor plan

0' 1'   5'   10'

In the middle of a marshy area, with rocks and varied vegetation including pines and junipers, this small house sits at twenty-one metres above sea level. The main consideration when approaching this project was to avoid having an environmental impact on this delicate plot, where the surroundings would be slow to recover from any aggression inflicted on them. It is also a sustainable dwelling, both in terms of the use of materials and energy consumption.

The main structure, a latticework of beams and wooden studs with beamed ceilings, rests on a concrete base and comprises three different levels. This reduces the height and highlights the connection between the interior and the surroundings, as the client requested.

Inmitten eines Sumpfbereichs mit Felsen, stellenweise mit Kiefern und Wachholderbüschen bewachsen, einundzwanzig Meter über dem Meeresspiegel, erhebt sich dieses kleine Haus. Grundlegender Gesichtspunkt beim Lösungsansatz für dieses Projekt war, jegliches Eingreifen in dieses sensible Gelände zu vermeiden, da es sich davon nur langsam erholen würde. Das Haus ist zudem eine nachhaltige Wohnstätte sowohl in puncto Materialeinsatz als auch Energieverbrauch.

Die Hauptstruktur, eine Verflechtung aus Querbalken und Holzpfosten mit Deckenbalken, ruht auf einer Basis aus Zement und erstreckt sich über drei verschiedene Ebenen. Dadurch verringert sich die Höhe und bringt die vom Kunden gewünschte Verbindung von Innenraum und Umgebung zur Geltung.

Au milieu d'une zone marécageuse, de rochers et de végétation dispersée de pins et genévriers, à une vingtaine de mètres au-dessus du niveau de la mer se trouve cette petite maison. Au moment de l'élaboration du projet, il a été primordial d'éviter d'interférer avec ce terrain sensible sur lequel toute agression ne serait récupérable que sur le long terme. Il s'agit également d'une maison écologique, aussi bien en termes d'utilisation de matériaux que de consommation énergétique.

La structure principale composée de traverses et de poutres en bois avec un plafond en bois, repose sur une fondation en ciment et comprise sur trois niveaux. Ceci réduit sa hauteur et met en valeur la liaison entre l'intérieur et son cadre souhaité par son propriétaire.

En medio de una zona pantanosa, de rocas y de vegetación dispersa de pinos y enebros, a veintiún metros sobre el nivel del mar, se levanta esta pequeña casa. La consideración fundamental a la hora de abordar el proyecto fue evitar interferir con ese sensible terreno en el que cualquier agresión sería de lenta recuperación. Es además una vivienda sostenible, tanto en términos del uso de materiales como del consumo de energía.

La estructura principal, un entramado de travesaños y montantes de madera con techos de vigas, descansa sobre una base de cemento, y está situada en tres niveles diferentes. Esto reduce su altura y pone de relieve la conexión del interior con su entorno deseada por su propietario.

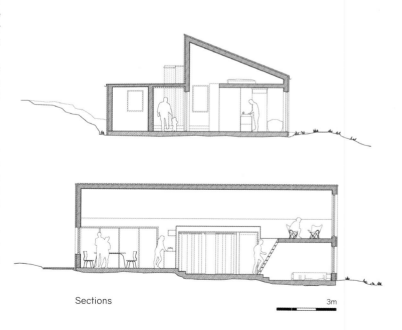

Sections   3m

The façade is lined with spruce from a forest belonging to the owner. The spruce loses its colour, fading to a soft silver.

Die Fassade ist mit Fichtenholz verkleidet, das aus einem Wald im Besitz des Hausinhabers stammt. Dieses Material verliert schnell seine Farbe, wodurch ein weicher silberner Farbton erzielt wird.

La façade est revêtue de bois d'épicéa provenant d'une forêt appartenant au propriétaire de la maison. Ce matériau se décolore rapidement donnant ainsi un ton doux et argenté.

La fachada esta revestida de madera de pícea procedente de un bosque propiedad del dueño de la casa. Este material pierde color fácilmente consiguiéndose una tonalidad suave y plateada.

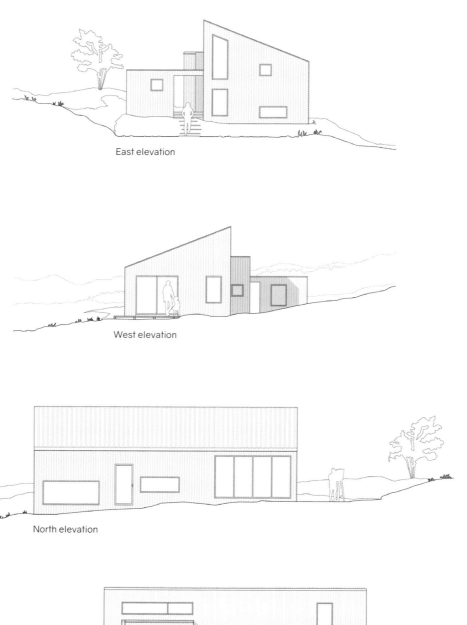

East elevation

West elevation

North elevation

South elevation

3m

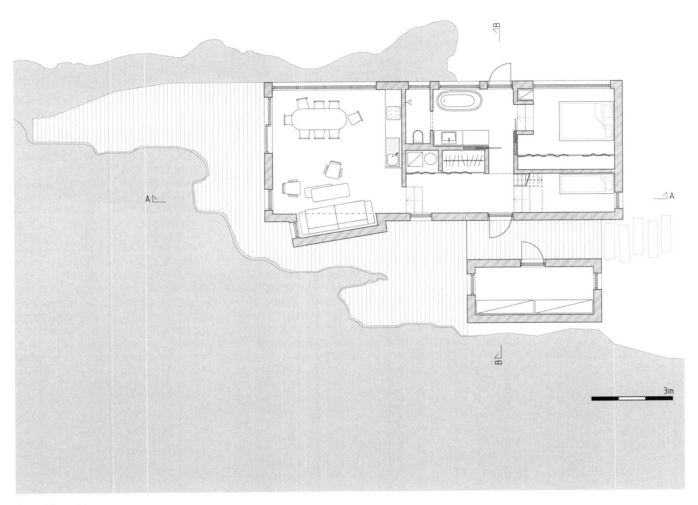

Ground floor plan

The uneven ground has been used to naturally separate the different areas without the need for walls, giving the house a feeling of spaciousness.

Die Höhenunterschiede im Gelände wurden ausgenutzt, um die verschiedenen Wohnräume ohne Einsatz von Wänden auf natürliche Weise voneinander abzutrennen, was das Gefühl von Geräumigkeit dieser Wohnstätte fördert.

Les dénivellations du terrain ont permis de séparer de manière naturelle les divers espaces sans recourir à des cloisons, favorisant ainsi la sensation de grandeur de la maison.

Los desniveles del terreno se han aprovechado para separar de forma natural las diferentes estancias sin necesidad de paredes lo cual favorece a la sensación de amplitud de la vivienda.

On a sloping plot in a picturesque setting with views of the Pacific Ocean, this loft style house is designed as an intimate space to relax away from the city. It's a rectangular volume with a butterfly roof defining the two areas which make up the continuous space of the interior. The design for the exterior cladding prioritises privacy using a completely blind façade to access the plot and another façade to access the inside with certain openings. The building's other two façades have large windows to enjoy the views over the surrounding natural environment and the ocean and to create a sense of continuity between exterior and interior.

In Hanglage, eingebettet in eine malerische Umgebung mit Blick auf den Pazifik, wird diese Wohnstätte im Loft. Stil als ein intimer Raum begriffen, in dem sich die Bewohner von der Großstadt erholen können. Es handelt sich um ein Volumen mit rechteckigem Grundriss und einem Satteldach, das die beiden Bereiche definiert, die den durchgehenden Raum des Innenbereichs bilden. Die Gestaltung seiner Hülle gibt der Privatsphäre der Bewohner Vorrang mittels einer vollkommen blinden Fassade für den Zugang zur Parzelle und einer weiteren für den Zugang zum Inneren, die punktuell mi Öffnungen ausgestattet ist. Die anderen beiden Fassaden des Gebäudes öffnen sich mit großen Fenstern, die den Blick über die Natur und den Ozean verstärken und eine Kontinuität zwischen Innen- und Außenbereich erzeugen.

Située sur un terrain en pente enclavé dans un cadre pittoresque avec vues sur l'océan Pacifique, cette maison de type *loft* est conçue comme un espace intime où il est possible de se détendre loin de la grande ville. Il s'agit d'un volume rectangulaire avec un toit à deux versants qui définit les deux cadres de l'espace continu de l'intérieur. La conception de son enveloppe met l'accent sur l'intimité de ses occupants grâce à une façade d'accès à la parcelle entièrement aveugle et une autre d'accès à l'intérieur avec des ouvertures ponctuelles. Les deux autres façades de la maison s'ouvrent grâce à de grandes baies vitrées qui offrent des vues sur le cadre naturel et l'océan et créent une continuité entre l'intérieur et l'extérieur.

Situada en un terreno en pendiente enclavado en un entorno pintoresco con vistas al océano Pacífico, esta vivienda tipo *loft* se concibe como un espacio íntimo donde relajarse alejado de la gran ciudad. Se trata de un volumen de planta rectangular con una cubierta de dos vertientes que define los dos ambientes que conforman el espacio continuo del interior. El diseño de su envolvente prioriza la intimidad de sus ocupantes mediante una fachada de acceso a la parcela totalmente ciega y otra de acceso al interior dotada de aberturas puntuales. Las otras dos fachadas del edificio se abren con grandes ventanales que potencian las vistas sobre el entorno natural y el océano y generan una continuidad entre interior y exterior.

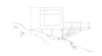

The house opens out to the sea through large windows which take up the whole of the western façade. An overhanging triangular terrace extends the living-dining area towards the outside and becomes a viewing point over the cove.

Dank der großen Fenster, welche die gesamte Westfassade einnehmen, öffnet sich die Wohnstätte Richtung Meer. Eine Terrasse mit dreieckigem Grundriss verlängert den Wohn- und Essbereich freitragend nach außen hin und wird zu einem Aussichtspunkt auf die kleine Bucht.

La maison donne sur la mer grâce aux grandes baies vitrées qui occupent toute la façade ouest. Une terrasse de forme triangulaire en vol prolonge le séjour-salle à manger vers l'extérieur et se transforme en mirador sur la crique.

La vivienda se abre hacia el mar gracias a los grandes ventanales que ocupan toda la fachada oeste. Una terraza de planta triangular en vuelo prolonga la zona del estar-comedor hacia el exterior y se convierte en un mirador sobre la caleta.

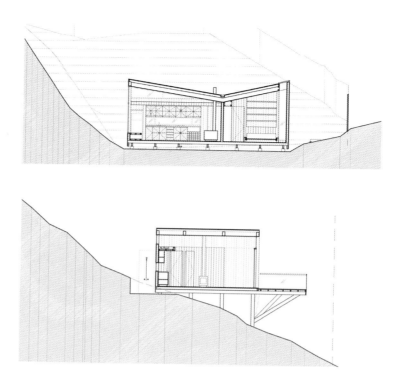

Sections

The position of the building within the plot is respectful of the surrounding natural environment. The configuration of the façades protects the privacy of the interior from the busy walkway surrounding the house.

Der Standort des Gebäudes auf dem Gelände respektiert das natürliche Umfeld. In Bezug auf den belebten Fußgängerweg, der das Haus umgibt, bewahrt die Konfiguration der Fassaden die Privatsphäre im Innenbereich.

La situation de la maison sur le terrain est respectueuse du cadre naturel. La configuration des façades préserve l'intimité de l'intérieur en ce qui concerne le chemin qui entoure la maison.

La posición del edificio dentro del terreno se muestra respetuosa con el entorno natural. La configuración de las fachadas preserva la privacidad del interior respecto del transitado camino peatonal que rodea la vivienda.

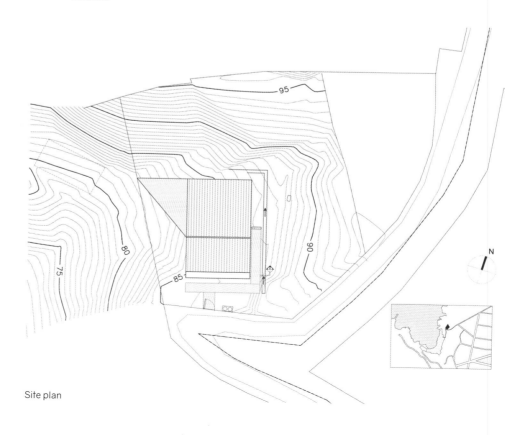

Site plan

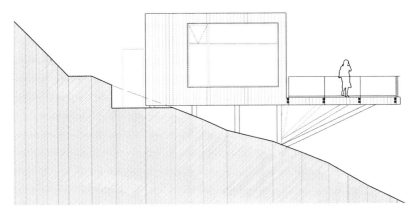

North elevation

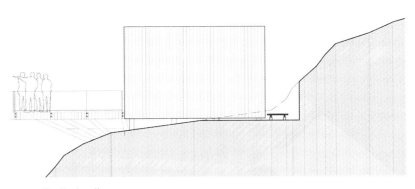

South elevation

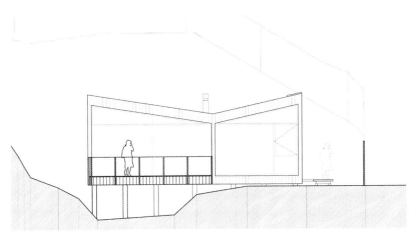

West elevation

The idea of a unique inner space is reinforced by the use of brushed pine walls. Above the kitchen there is a mezzanine for two people, accessible using movable stairs.

Die Verkleidung aller Wandflächen mit gebürstetem Kiefernholz verstärkt die Vorstellung von einem einzigartigen Innenraum. Über dem Küchenbereich wurde ein Zwischengeschoss für zwei Personen platziert, das mithilfe einer beweglichen Treppe zugänglich ist.

Le revêtement de tous les parements avec du bois de pin brossé renforce l'idée d'espace unique intérieur. Au-dessus de la cuisine se trouve une mezzanine pour deux personnes, accessible par une échelle mobile.

El revestimiento de todos los paramentos con madera de pino cepillada refuerza la idea del espacio único interior. Sobre la zona de la cocina se sitúa un altillo con capacidad para dos personas, accesible mediante una escalera móvil.

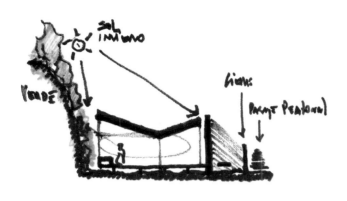

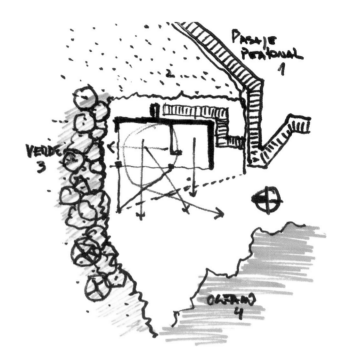

Sketches

After studying the client's requirements: spacious but "closed and open", simple and minimalist and designed for a family of four, the architects created a bold project which eliminated all dividing walls to optimise the space and bathe it with natural light. An open and flexible space, it can be adapted to different uses, thanks to a system of curtains concealed behind walls and cupboards throughout the house. The materials and colours used were also carefully chosen to emphasise certain elements and create the minimalist feeling and connections to the natural world requested by the client.

Nach Sichten der Anforderungen des Kunden – geräumig, aber ‚geschlossen und offen", einfach und minimalistisch und für eine vierköpfige Familie konzipiert - entschieden sich die Architekten für ein gewagtes Projekt, bei dem alle Trennwände entfernt wurden, um den Raum zu optimieren und ihn mit Tageslicht zu durchfluten. Es entstand ein offener, flexibler und an die verschiedenen Nutzungsarten anpassbarer Raum dank eines Vorhangsystems im ganzen Haus, das hinter Wänden und Wandschränken verborgen ist. Auch die eingesetzten Materialien und Farben wurden sorgfältig ausgewählt, um bestimmte Elemente hervorzuheben und das vom Kunden gewünschte minimalistische Ambiente mit Anklängen an die Natur zu schaffen.

Après avoir étudié les exigences du client : spacieuse, mais « fermée et ouverte », simple et minimaliste et conçue pour une famille de quatre personnes, les architectes sont parvenus à un projet audacieux qui retire tous les murs de séparation afin d'optimiser l'espace et l'inonder de lumière naturelle. Un espace ouvert et flexible, adaptable aux divers usages grâce à la conception d'un système dans toute la maison de rideaux cachés derrière les murs et armoires. Les matériaux et couleurs utilisés ont été choisis avec soins afin de souligner les éléments phares et créer un environnement minimaliste avec des réminiscences à la nature, souhaité par le client.

Tras estudiar los requisitos del cliente: espacioso pero «cerrado y abierto», simple y minimalista y diseñado para una familia de cuatro miembros, los arquitectos lo resolvieron con un atrevido proyecto que elimina todas las paredes de separación para conseguir optimizar el espacio e inundarlo de luz natural. Un espacio abierto y flexible, adaptable a diferentes usos, gracias al diseño de un sistema en toda la casa de cortinas escondidas tras las paredes y los armarios. Los materiales y colores empleados fueron también cuidadosamente seleccionados para enfatizar determinados elementos y para crear el ambiente minimalista y con reminiscencias a la naturaleza deseado por el cliente.

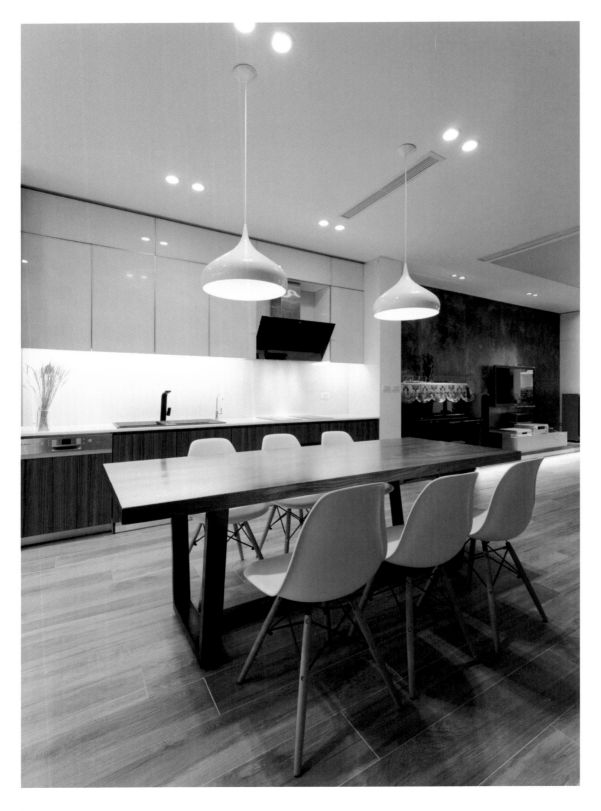

The client's desire for a minimalist feel is achieved by the use of white and neutral colours, as well as furniture with straight, clean lines.

Der Einsatz von Weiß und neutralen Farben sowie das Design des nüchternen Mobiliars mit geraden und reinen Linien befolgen den Wunsch des Kunden, eine minimalistische Umgebung zu schaffen.

Le blanc et les couleurs neutres utilisés, ainsi que le design du mobilier des lignes droites et pures sans artifices répondent au désir du client de créer un environnement minimaliste.

El empleo del blanco y de los colores neutros así como el diseño del mobiliario de líneas rectas y puras libre de artificios obedece al deseo del cliente de crear un ambiente minimalista.

Second floor plan

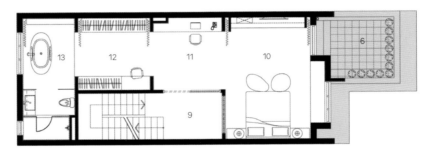

First floor plan

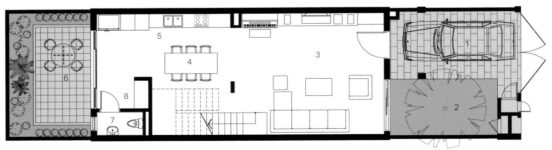

Ground floor plan

1. Entrance/Parking
2. Garden
3. Living room
4. Dining room
5. Kitchen
6. Yard

7. Toilet
8. Storage
9. Hall
10. Master bedroom
11. Home office
12. Walk-in closet

13. Master toilet
14. Study room
15. Bedroom
16. Altar room
17. Loggia
18. Laundry loggia

N

The use of glass walls to separate the different areas gives the bathroom space a feeling of continuity with an impressive free-standing bath as the main feature.

Die Verwendung von Glaswänden zur Abtrennung der verschiedenen Bereiche gibt dem Raum des Badezimmers Kontinuität, wobei eine eindrucksvolle freistehende Badewanne die unangefochtene Hauptrolle spielt.

Le recours aux panneaux de verre pour séparer les divers espaces offre une continuité à l'espace de la salle de bains où se trouve une impressionnante baignoire isolée qui devient un élément indiscutable.

El empleo de paredes de cristal para separar las diferentes zonas da continuidad al espacio del cuarto de baño, donde una impresionante bañera exenta cobra un protagonismo indiscutible.

This house sits on granite foundations on the site of a former ceramic stove factory as this was a prerequisite to be able to build in this location, right in front of the river. To fully enjoy its surroundings, the façade is glass on three sides, including the living room, kitchen and hallway, while the bedrooms and bathrooms are at the back, between walls made from bricks recovered from the site.

This house is a clear example of how a well-thought out construction which keeps nature and the region's history in mind can combine a contemporary aesthetic with functionality, low construction costs and a small ecological footprint.

Dieses Haus steht auf den Granitfundamenten einer ehemaligen Keramikofenfabrik, die an dieser Stelle errichtet wurde, da sich dort ein Fluss befindet. Um sein Umfeld in vollen Zügen zu genießen, ist die Fassade an drei Seiten verglast. Diese umfassen Wohnzimmer, Küche und Flur, während die Schlafzimmer und das Badezimmer im rückseitigen Teil zwischen den Wänden liegen, die aus wiedergewonnenen Ziegelsteinen erbaut wurden, welche vom Gelände selbst stammen.

Dieses Haus ist ein deutliches Beispiel dafür, wie ein gut durchdachter Bau unter Berücksichtigung von Natur und Geschichte der Region modernde Ästhetik, Funktionalität, niedrige Baukosten und einen niedrigen ökologischen Fußabdruck kombinieren kann.

Cette maison est construite sur des fondations en granit d'une ancienne usine de poêles de faïence, car il s'agissait d'un pré requis pour pouvoir construire sur le site, à proximité du fleuve. Pour profiter pleinement de son cadre, la façade est vitrée sur trois de ses côtés où se trouvent le séjour, la cuisine et le couloir tandis que les chambres et la salle de bains sont situées à l'arrière, entre des murs construits avec des briques récupérées sur le terrain même.

Cette maison est l'exemple clair de la manière de construire une maison bien pensée qui tenant compte de la nature et du passé de la région peut combiner une esthétique contemporaine, une fonctionnalité, de faibles coûts de construction et une faible empreinte écologique.

Esta vivienda ese levanta sobre los cimientos de granito de una antigua fábrica de estufas de cerámica, ya que este fue un prerrequisito para poder construir en el lugar donde se encuentra, justo frente al río. Para disfrutar plenamente de su entorno, la fachada es acristalada en tres de sus lados, que incluyen la sala de estar, la cocina y el pasillo, mientras que los dormitorios y cuarto de baño están ubicados en la parte trasera, entre paredes construidas con ladrillos recuperados del propio terreno.

Esta casa es el claro ejemplo de cómo una construcción bien pensada, teniendo en cuenta la naturaleza y la historia de la región, puede combinar una estética contemporánea, funcionalidad, reducidos costes de construcción y una baja huella ecológica.

Site plan

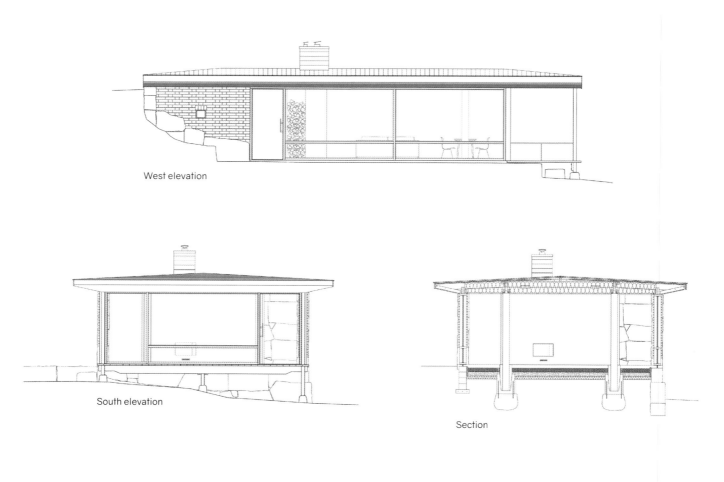

West elevation

South elevation

Section

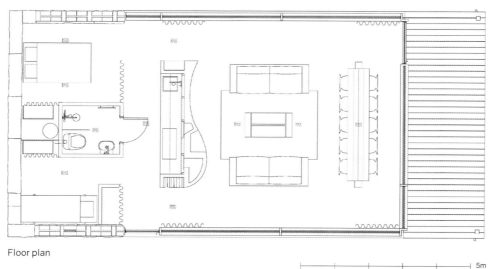

Floor plan

5m

The house is heated by a central fireplace around which air circulates, heating up and then pumped under the concrete tiles through a bed of clay balls, providing cheap, uniform heat.

Das Haus wird von einem zentralen Kamin beheizt, um den Luft zirkuliert, die erwärmt wird, um später mit Druck unter der Betonplatte durch ein Bett mit kleinen Lehmkugeln gepresst zu werden, die eine gleichmäßige und wirtschaftliche Wärmequelle liefern.

La maison est chauffée grâce à une cheminée centrale autour de laquelle circule l'air qui chauffe pour ensuite être poussé par la pression en dessous de la dalle en béton à travers un lit de billes d'argile fournissant ainsi une source de chaleur uniforme et économique.

La casa se calienta con una chimenea central alrededor de la cual circula aire que se calienta para luego ser empujado a presión por debajo de la losa de hormigón a través de un lecho de bolitas de arcilla, proporcionando una fuente de calor uniforme y económica.

The locally-made linen curtains can be repositioned to frame different parts of the landscape or close up the house for privacy when the occupants are away.

Die vor Ort angefertigten Leinenvorhänge können neu positioniert werden, um verschiedene Teile der Landschaft einzurahmen oder um das Haus in Zeiten der Abwesenheit für mehr Privatsphäre visuell abzuschotten.

Les rideaux en lin, fabriqués localement, peuvent être replacés pour délimiter différentes parties du paysage ou pour redonner de l'intimité à la maison en absence des propriétaires.

Las cortinas de lino, fabricadas localmente, pueden ser reposicionadas para enmarcar diferentes partes del paisaje o para cerrar la casa por privacidad en periodos de ausencia.

This small Vietnamese house surprises with its glass façade on the lower section and bricks with holes on the upper section, which let light filter into all corners of the house. The fence and entrance door, made from simple metal railings, are designed to be planted in the future with vines which will cover the railings and filter the dust from the outside.

The staircase becomes the main axis of this house as it not only connects the different zones, but is also a corner to plant flowers, read a book, or simply relax.

The designer's aim was to create a light, happy space to show that a lovely house is not limited to those with purchasing power.

Dieses kleine vietnamesische Haus überrascht durch seine Glasfassade im unteren Teil und eine Fassade aus Ziegelsteinen mit Löchern im oberen Teil, welche den Lichteinfall in allen Ecken ermöglichen. Zaun und Eingangstür aus einfachem Metallgitter sind so konzipiert, dass die Bewohner künftig Weinstöcke einpflanzen können, die das Gitter umranken und den Staub filtern, der von außen eindringt.

Die Treppe wird zur Hauptachse dieser Wohnstätte, die nicht nur die verschiedenen Wohnräume miteinander verbindet, sondern auch ein Ort ist, der den Bewohner einlädt, Blumen einzupflanzen, ein Buch zu lesen oder sich einfach zu entspannen.

Das Ziel der Gestalter war, einen hellen und fröhlichen Raum zu schaffen, um zu zeigen, dass ein hübsches Haus nicht nur für Menschen mit hoher Kaufkraft erschwinglich ist.

Cette petite maison vietnamienne surprend par sa façade vitrée sur la partie inférieure et des briques perforées sur la partie supérieure, permettant ainsi à la lumière de passer dans tous les recoins. La palissade et la porte d'entrée en grille métallique simple sont conçues pour planter à l'avenir des vignes qui recouvriront et filtreront la poussière qui entre à l'intérieur.

L'escalier devient l'axe principal de cette maison qui en plus de servir de point de communication entre les divers espaces, est un coin où l'on peut planter des fleurs, lire un livre ou simplement se détendre.

Ses concepteurs avaient pour objectif de créer un espace lumineux et gai afin de démontrer qu'une jolie maison, ce n'est pas simplement à la portée des personnes avec un pouvoir d'achat élevé.

Esta pequeña casa vietnamita sorprende por su fachada acristalada en su parte inferior y de ladrillos agujereados en la parte superior, que permiten que la luz se filtre a todos sus rincones. La valla y la puerta de entrada, de rejilla metálica sencilla, están diseñadas para en un futuro plantar vides que la cubran y filtren el polvo que entre del exterior.

La escalera se convierte en el eje principal de esta vivienda, que además de comunicar las diferentes estancias, es un rincón donde plantar flores, leer un libro o simplemente relajarse.

El objetivo de sus diseñadores fue crear un espacio luminoso y alegre para demostrar que una casa bonita no está tan solo al alcance de las personas con un alto poder adquisitivo.

The sky is visible from the position of relax area through the toplight

Views from different angles through the wall of bricks with holes

Elevation

Section

1. Entrance
2. Living area
3. Bedroom
4. Storage/Laundry
5. Garden
6. Relax area

0   1   3   5

In order to reduce costs, the architects tried to simplify details, materials and furnishings, as well as optimising functional spaces and reducing the height of each storey.

Um Kosten einzusparen, versuchten die Architekten, Details, Materialien und Mobiliar zu vereinfachen, sowie die Funktionsräume zu optimieren und die Höhe aller Etagen zu senken.

Pour réduire les coûts, les architectes ont tenté de simplifier les détails, matériaux et mobiliers, ainsi qu'optimiser les espaces fonctionnels et réduire la hauteur de chaque étage.

Para ahorrar costes los arquitectos trataron de simplificar los detalles, materiales y mobiliario, así como optimizar los espacios funcionales y reducir la altura de cada planta.

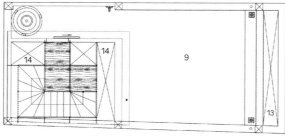

Roof plan

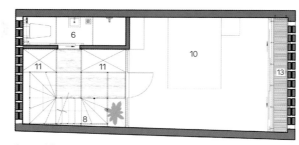

Second floor plan

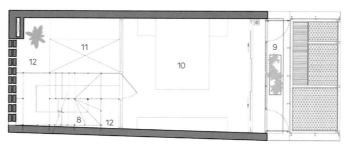

First floor plan

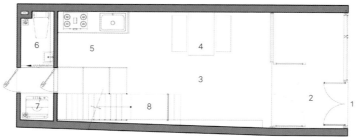

Ground floor plan

1. Gate
2. Entrance
3. Dining area
4. Living area
5. Kitchen area
6. Toilet
7. Storage/ Laundry
8. Stair
9. Garden
10. Bedroom
11. Void
12. Relax area
13. Gap
14. Toplight

0   1   3   5

N

The setting, on a steep slope, provides incredible views over a lake. As the area is exposed to high winds, the house is organised around several open spaces to create more protection and receive the sun at different times of the day. The inside is configured as one continuous space. The curved walls and ceilings create continuous surfaces clad in birch plywood. The floor follows the terrain and divides the layout into several levels which define the different functional areas.

The fireplace is in the centre of the house, on the same level as the main entrance to ensure that the heat reaches all levels of the house.

Der Standort dieses Hauses an einem steilen Hang bietet einen atembe-raubenden Ausblick auf einen See. Da es sich um eine Gegend handelt, die starken Winden ausgesetzt ist, wurde die Wohnstätte um mehrere offene Bereich herum angeordnet, damit sie geschützter ist und die Sonne zu verschiedenen Tageszeiten dorthin gelangt. Der Innenraum ist als ein durch-gehender Raum konzipiert. Die geschwungenen Wände und Decken bilden durchgehende Flächen, die mit Birkensperrholz verkleidet sind. Der Boden folgt dem Gelände und teilt den Grundriss in mehrere Ebenen, welche die verschiedenen Funktionsbereiche definieren sollen.

Der Kamin befindet sich in der Mitte des Hauses, auf der gleichen Ebene wie der Haupteingang; dadurch können die Bewohner die Wärme des Ka-mins von jeder Ebene des Hauses aus genießen.

La situation de cette maison, sur un versant raide, offre d'incroyables vues sur un lac. S'agissant d'une zone exposée à des vents violents, la maison est structurée autour de divers espaces ouverts pour être la mieux protégée possible et recevoir du soleil à différentes heures de la journée. L'intérieur est configuré comme un espace continu. Les murs incurvés et les plafonds forment des surfaces continues revêtues de bois contreplaqué de bouleau. Le sol suit le terrain et divise le plan en plusieurs niveaux qui permettent de définir les divers espaces fonctionnels.

La cheminée est située au centre de la maison, au même niveau que l'entrée principale. Ainsi, depuis n'importe quel niveau de la maison, il est possible de profiter de sa chaleur.

La ubicación de esta casa, en una empinada ladera, proporciona increíbles vistas sobre un lago. Al ser una zona expuesta a fuertes vientos la vivien-da está organizada alrededor de varios espacios abiertos para quedar más protegida y recibir sol a diferentes horas del día. El interior esta configura-do como un espacio continuo. Las paredes curvadas y los techos forman superficies continuas revestidas de madera contrachapada de abedul. El suelo sigue el terreno y divide el plano en varios niveles que sirven para definir las diferentes áreas funcionales.

La chimenea está situada en el centro de la casa, en el mismo nivel que la entrada principal; así, desde cualquier nivel de la casa se puede disfrutar de su calor.

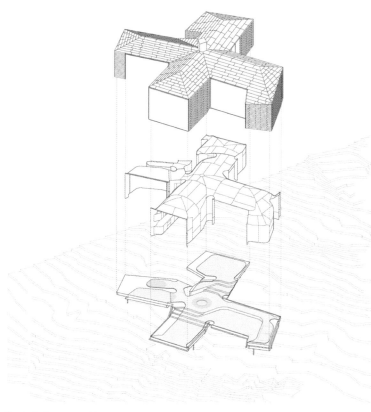

Exploded axonometric

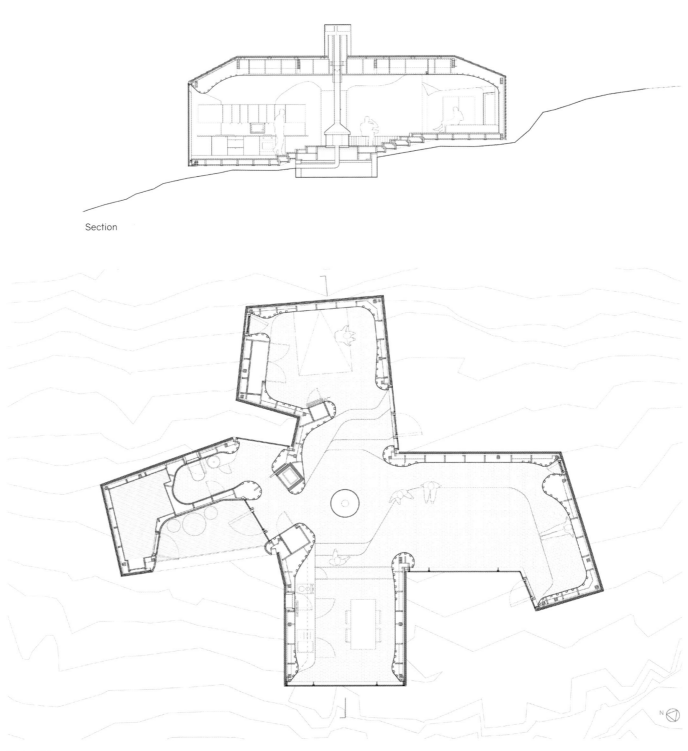

Section

Floor plan

The façade has a more rectangular geometry and the walls and roofs are covered in basalt tiles, following a similar pattern to that used on traditional Norwegian cladding.

Die Fassade hat eine rechteckigere Geometrie, und Wände und Dächer sind mit Basaltplatten bedeckt, wodurch sie einem ähnlichen Muster folgen wie dem, das bei den traditionellen Verkleidungen in Norwegen eingesetzt wird.

La façade a une forme géométrique plus rectangulaire et les murs et le plafond sont couverts de dalles en basalte selon un schéma similaire utilisé dans les revêtements traditionnels de Norvège.

La fachada tiene una geometría más rectangular y las paredes y tejados están cubiertos de losas de basalto siguiendo un patrón similar al utilizado en los revestimientos tradicionales de Noruega.

The house is supported by bars inserted directly into the rock and a concrete base under the fireplace for stability. The construction mainly uses prefabricated elements.

Das Haus wird von Stäben, die direkt in den Felsen eingelassen sind, und zur Stabilisierung auf einem Zementsockel unter dem Kamin gehalten. Bei seinem Bau kamen hauptsächlich vorgefertigte Elemente zum Einsatz.

La maison est fixée par des barres directement plantées dans la roche avec une base en ciment en dessous de la cheminée pour sa stabilité. Pour sa construction, on a essentiellement recours à des éléments préfabriqués.

La casa se sujeta por barras insertadas directamente en la roca y una base de cemento debajo de la chimenea para su estabilización. Para su construcción se han utilizado principalmente elementos prefabricados.

The transitions between the different levels form steps, creating different places to sit or lie down and enjoy the incredible views and the fireplace, giving the sensation of being outdoors.

Die Übergänge zwischen den verschiedenen Ebenen bilden Stufen, die unterschiedliche Plätze zum Sitzen und Liegen schaffen, während die Bewohner den großartigen Ausblick und den Kamin mit dem Gefühl genießen, im Freien zu sein.

Les transitions entre les divers niveaux forment des marches qui créent différents lieux où il est possible de s'y asseoir ou s'allonger tout en profitant des vues inoubliables et de la cheminée avec la sensation d'être en plein air.

Las transiciones entre los diferentes niveles forman escalones que crean diversos lugares para sentarse o tumbarse mientras se disfruta de inmejorables vistas y de la chimenea, con la sensación de estar al aire libre.

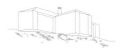

On the side of a mountain in southern Serbia, this house comprises two enormous volumes, in light and dark. These forms fuse with the surrounding natural environment of small pine trees and a steep rocky slope.

On its southern flank, the white part of the house connects to the outside through a large window which acts as the link between the natural and the unnatural. It is lined with white tiles to emphasise the house's shape and the contrast with the landscape. The dark half is inspired by traditional mountain houses. The aim of this duality was to bring together the traditional and the contemporary to create a unique aesthetic and a structure which was in keeping with the surroundings.

Klar und dunkel steht dieses einzigartige Haus, das aus zwei monolithischen Volumen besteht, an einem Berghang im Süden Serbiens. Seine Formen verschmelzen mit der Natur, hier die von niedriger Kiefervegetation und einem steilen Felsgelände geprägt ist.

Im Südteil verbindet sich der weiße Teil des Hauses durch ein großes Fenster, das der Übergang zwischen den natürlichen und künstlichen Elementen darstellt, mit dem Außenbereich. Es ist mit weißen Fliesen verkleidet, die seine Form betonen und mit der Landschaft kontrastieren. Alte Häuser in den Bergen dienten der dunklen Hälfte als Inspiration. Hinter der Dualität des Hauses steht die Absicht, das Traditionelle mit dem Modernen zu vereinen, um eine einzigartige Ästhetik und ein Gefüge zu schaffen, das sein Umfeld respektiert.

Sur le versant d'une montagne, au sud de la Serbie, se trouve cette singulière maison composée de deux volumes monolithiques, clairs et obscurs. Ces formes fusionnent avec l'environnement naturel, une végétation de pins de petite taille et un terrain raide rocheux.

Au sud, la partie blanche de la maison est reliée à l'extérieur par une grande fenêtre qui sert de transition entre le naturel et l'artificiel. Elle est revêtue de carreaux blancs qui mettent l'accent sur sa forme et contrastent avec le paysage. La moitié obscure est inspirée des anciennes maisons de montagne. L'intention de la dualité de la maison a été de réunir le traditionnel et le contemporain afin de créer un esthétique unique et une structure respectueuse de son cadre.

En la ladera de una montaña, al sur de Serbia, se levanta esta singular vivienda compuesta por dos volúmenes monolíticos, claro y oscuro. Estas formas se fusionan con el entorno natural, una vegetación de pinos bajos y un terreno empinado rocoso.

En la parte sur, la parte blanca de la casa conecta con el exterior a través de una gran ventana que es la transición entre lo natural y lo artificial. Está revestida de baldosas blancas que enfatizan su forma y contrastan con el paisaje. La mitad oscura está inspirada en las antiguas casas de montaña. La intención de la dualidad de la vivienda fue la de unir lo tradicional y lo contemporáneo para crear una única estética y una estructura respetuosa con su entorno.

The porch is bordered on one side by a white volume leaving a protected outside space. The structure is emphasised by the use of traditional wooden tiles as cladding.

Die Veranda wird an einer Seite von dem weißen Volumen begrenzt, wodurch ein geschützter Außenbereich entsteht. Der Einsatz einer traditionellen Verkleidung aus Holzziegeln hebt die Struktur hervor.

Le porche est limité d'un côté par le volume blanc laissant un espace extérieur protégé. La structure est rehaussée grâce à l'utilisation d'un revêtement traditionnel de tuiles en bois.

El porche está limitado por un lado por el volumen blanco quedando un espacio exterior protegido. La estructura queda realzada a través del empleo de un revestimiento tradicional de tejas de madera.

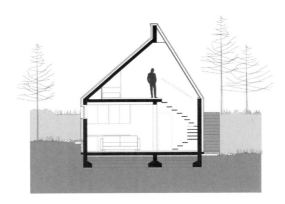

Section a-a

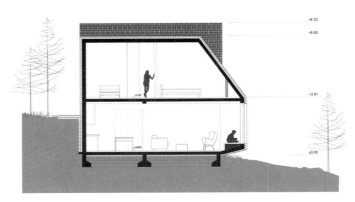

Section b-b

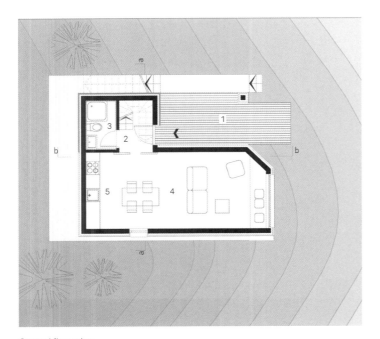

Ground floor plan

1. Porch
2. Entrance area
3. Bathroom
4. Living area
5. Kitchen
6. Bedroom area

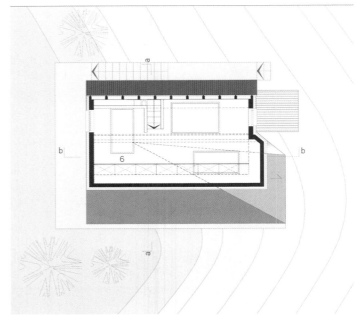

Upper floor plan

The driving force behind this house is the search for the best panoramic views of the stunning surrounding countryside. The design is for a one-storey house, reminiscent of traditional barns and offering the same view from all points in the house. The rural location presented a security problem. The house was "twisted" so that only one side of the structure was touching the ground and the rest was suspended in the air. With this solution, part of the ground floor, including the bedrooms, was lifted up to the height of a first floor.

The location of the house on a steep slope could have produced a risk of slippage. To limit movement of the subsoil, the house was treated as a bridge where the rainwater flows naturally.

Bei diesem Haus ging es um die Suche nach dem besten Rundblick auf die atemberaubende umliegende Landschaft. Ein einstöckiges Haus wurde entwickelt, dessen Form an alte Ställe erinnert, die von jedem Punkt im Inneren die gleiche Aussicht bieten. Da es mitten in der Natur liegt, stellte sich ein Sicherheitsproblem. Das Haus wurde quasi ‚gedreht", so dass nur eine Seite der Tragestruktur den Boden berührt und der Rest in der Schwebe ist. Durch diese Lösung wird das Erdgeschoss, wo sich die Schlafzimmer befinden, auf die Ebene der ersten Etage angehoben.

Der Standort des Hauses an einem steilen Hang könnte eine Abrutschgefahr mit sich bringen. Um die Bewegung des Unterbodens zu begrenzen, wurde das Haus wie eine Brücke behandelt, unter der das Regenwasser ganz natürlich durchfließt.

L'argument de cette maison est la recherche des meilleurs panoramas de l'impressionnant paysage qui l'entoure. On a construit une maison de plain-pied, dont la forme rappelle les anciennes granges, qui offre la même vue depuis l'intérieur. Au milieu de la nature se pose le problème de la sécurité. La maison a été « tordue » de telle sorte que seul un côté de la structure touche le sol et le reste est suspendu. Cette solution permet au rez-de-chaussée où se trouvent les chambres d'être surélevé par rapport au premier étage.

La situation de la maison sur une pente raide pourrait comporter un risque de glissement. Pour limiter le mouvement du sous-sol, on a considéré la maison comme un pont en dessous duquel l'eau de pluie passe naturellement.

El argumento de esta vivienda es la búsqueda de las mejores panorámicas del impresionante paisaje que la rodea. Se desarrolló una casa de una planta, cuya forma recuerda a los antiguos graneros, que ofrece la misma vista desde cualquier punto de su interior. Al estar en medio de la naturaleza se planteó un problema de seguridad. Se «torció» la casa de tal modo que solo un lado de la estructura toca el suelo y el resto queda suspendido. Con esta solución, parte de la planta baja, donde se encuentran los dormitorios queda como elevada al nivel de un primer piso.

La ubicación de la casa en una empinada pendiente podría comportar un riesgo de deslizamiento. Para limitar el movimiento del subsuelo se trató la casa como un puente en el cual el agua de la lluvia fluye con naturalidad.

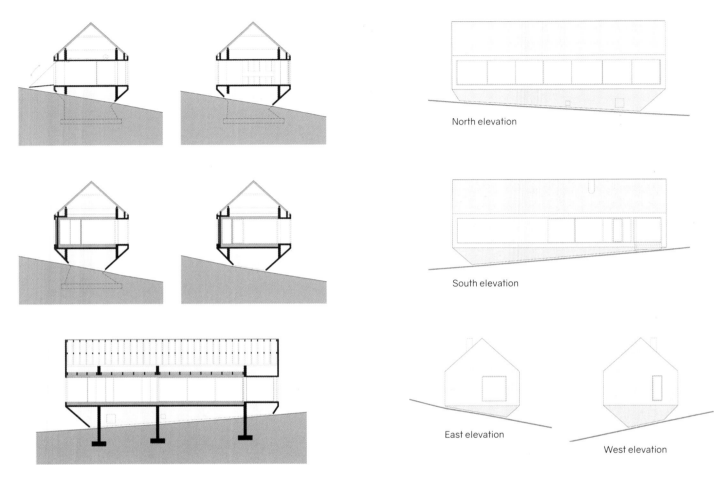

North elevation

South elevation

East elevation

West elevation

Sections

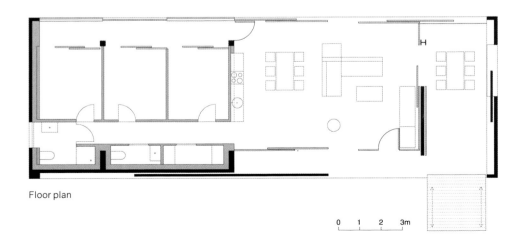

Floor plan

0   1   2   3m

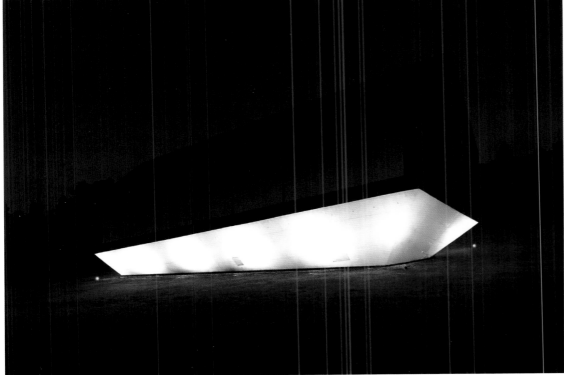

The origami façade of the house
has not prevented the construction
system from being cheap and simple:
a concrete wall made by a local builder
functions as both structure and finish
and is completed by foam insulation
placed inside and a vapour barrier.

Die facettierte Geometrie des Hauses
war kein Hindernis für ein einfaches
und kostengünstiges Bausystem. Eine
von einem einheimischen Arbeiter
errichtete Betonwand dient gleichzeitig
als Tragwerk und Fertigbearbeitung
und wird mit einer *Foam*-Isolierung
ergänzt, die von innen angebracht wird
und als Dampfsperre dient.

La géométrie à facettes de la maison
n'a pas été un obstacle pour que le
système de construction soit simple et
peu onéreux : un mur en béton réalisé
par un ouvrier local qui sert à la fois de
structure et de finition et complétée
par une isolation en *foam* placée à
l'intérieur et avec une barrière de
vapeur.

La geometría facetada de la casa no
ha sido óbice para que el sistema
constructivo sea sencillo y barato: un
muro de hormigón hecho por un obrero
local funciona a la vez como estructura
y acabado, y se completa con un
aislamiento de *foam* colocado por el
interior y con una barrera de vapor.

To provide rigidity, the walls were tensed by the "inverted" levels of the roof lifted slightly off the ground. The slope increased the feeling of security.

Um dem Gebäude Festigkeit zu geben, wurden die Wände durch die Flächen des „umgekehrten" Dachs festgezogen, das leicht vom Boden abgehoben wurde. Seine Neigung erhöht das Gefühl von Sicherheit.

Pour conférer de la rigidité à la structure, les murs ont été tendus par les plans du plafond « inversé » légèrement surélevé par rapport au sol. Son inclinaison a augmenté la sensation de sécurité.

Para darle rigidez al edificio las paredes fueron tensadas por los planos del tejado «invertido» ligeramente elevado del suelo. Su inclinación incrementó la sensación de seguridad.

Given that the house has large glazed areas, it was decided to close the side of the house where the entrance is located, using a ten metre wall and a drawbridge to combine the function of stairs and shutter.

Da das ganze Haus große Glasöffnungen hat, entschieden sich die Planer, die Seite zu schließen, wo sich der Eingang befindet. Sie bauten eine Wand mit 10 Metern und eine Zugbrücke, welche die Funktion von Treppe und Fensterladen kombiniert.

Comme toute la maison dispose de grandes baies vitrées, il a été décidé de fermer un côté où se trouve l'entrée par un mur de dix mètres et un pont levant qui joue à la fois le rôle d'escalier et de contrevent.

Debido a que toda la casa tiene grandes aberturas acristaladas, se decidió cerrar el lado donde esta la entrada por medio de una pared de diez metros y un puente levadizo que combina la función de escaleras y contraventana.

HOUSE CJ5 | CARAMEL

103 m² // 1,107 sq ft | Vienna, Austria | © Hertha Hurnaus

The design of this house addresses the issue of sustainable urban density on the outskirts of Vienna. It is a design which maintains the qualities of a single-family home, with a lush garden and terrace, but with much larger building density. This has been made possible by using a narrow floor plan, an external connection between the different living areas, a garden with a central atrium and illuminated areas focused horizontally and vertically.

With regards to energy, the house is completely self-sufficient. It is supplied by solar panels on the south-facing areas of the roof and by an air-to-water heat pump. It has also been designed as a low energy consumption house.

Die Gestaltung dieses Hauses beantwortet die Frage, wie man der städtischen Bevölkerungsdichte in den Vororten Wiens nachhaltig begegnet. Der Planer stellt eine Gestaltung vor, welche die Merkmale eines Einfamilienhauses mit einem üppigen Garten und einer Terrasse, doch mit einer viel höheren Baudichte, aufrechterhält. Möglich wurde dies durch einen schmalen Grundriss, einer internen Verbindung zwischen den verschiedenen Sitzbereichen, einen Garten mit einem Innenhof in der Mitte und horizontal und vertikal fokussierten beleuchteten Bereichen.

In Sachen Energie ist das Haus fast vollständig autark. Mit Photovoltaik-Paneelen in den nach Süden ausgerichteten Bereichen des Dachs und mithilfe einer Luft-Wasser-Wärmepumpe deckt es den Eigenbedarf. Ferner wurde es als Niedrigenergiehaus konzipiert.

La conception de cette maison aborde la question de la densité urbaine écologique aux abords de Vienne. Il s'agit d'une conception qui conserve les qualités une maison individuelle avec un jardin luxuriant et une terrasse, mais d'une densité de construction largement supérieure. Ceci a été rendu possible grâce à une disposition d'un niveau étroit, une connexion interne entre les divers espaces, un jardin avec une cour centrale et des zones éclairées à l'horizontale et à la verticale.

En termes d'énergie, la maison est pratiquement autonome. Elle subvient à ses propres besoins grâce à des panneaux photovoltaïques orientés sud de la couche d'ozone et à une pompe de chaleur air-eau. Elle a également été conçue comme une maison à faible consommation énergétique.

El diseño de esta vivienda aborda la cuestión de densidad urbana sostenible en las afueras de Viena. Se plantea un diseño que mantiene las cualidades de una casa unifamiliar, con un frondoso jardín y una terraza, pero con una densidad de construcción mucho mayor. Esto ha sido posible mediante una disposición de planta estrecha, una conexión interna entre las diferentes zonas de estar, un jardín con atrio central y áreas iluminadas enfocadas horizontal y verticalmente.

En cuanto a energía, la casa es casi completamente independiente. Suministra sus propias necesidades desde los paneles fotovoltaicos en las zonas orientadas al sur de la azotea, y desde una bomba de calor aire-agua. También se ha desarrollado como una casa de bajo consumo energético.

Perspective section

From outside, the entrance is through a relatively closed spatial white sculpture, which opens up vertically as it climbs from the studio garage at the entrance to the living room and the garden atrium.

Von außen gelangt man durch eine verhältnismäßig geschlossene weiße Raumskulptur nach innen, die sich schließlich vertikal öffnet, je weiter man von Studio-Garage im Eingangsbereich ins Wohnzimmer und in den Garten des Innenhofs gelangt.

Depuis l'extérieur, on entre par une sculpture spatiale blanche relativement fermée qui s'ouvre verticalement au fur et à mesure que l'on avance depuis le garage dans l'entrée au séjour et jardin de la cour.

Desde el exterior, se entra por una escultura espacial blanca relativamente cerrada, que luego continúa abriéndose verticalmente según se avanza desde el estudio garaje en la zona de entrada a la sala de estar y el jardín del atrio.

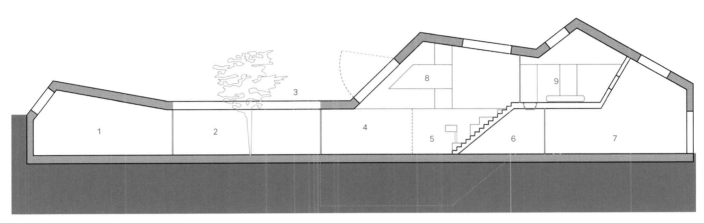

Section

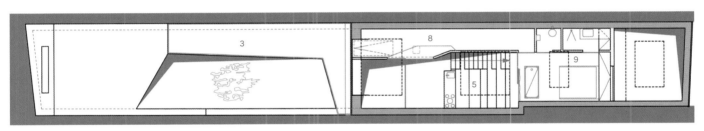

Upper floor plan

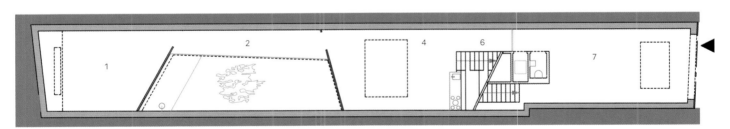

Lower floor plan

1. Studio
2. Garden
3. Terrace
4. Living room
5. Kitchen/
   Dining room
6. Closet
7. Parking/Atelier
8. Home office
9. Bedroom

The interior and exterior are connected by exposed concrete surfaces, with visible beams on the walls and ceiling as well as a seamless wood floor in the same direction as the visual effect of the concrete.

Innen- und Außenbereich sind an Wänden und Decke durch Sichtbetonflächen, die Bohlen ähneln, sowie durch einen durchgehenden Holzboden in der gleichen Richtung wie der visuelle Effekt der Bretterschalung des Zements, miteinander verbunden.

L'intérieur et l'extérieur sont reliés par des surfaces en béton apparent sous forme de grosses planches, aux murs et au plafond, ainsi qu'un sol continu en bois dans la même direction que l'effet visuel du plancher en ciment.

El interior y el exterior están conectados por medio de superficies de cemento visto, con apariencia de tablones, en paredes y techo así como un suelo continuo de madera en la misma dirección que el efecto visual de entablado del cemento.

The main aim of the design was to create a semi-rural style of architecture which blended in with its environment. The building is a wood construction on a concrete base with a roof covered in a layer of grass, a method used on traditional Icelandic houses. The architectural concept is based on a simple and efficient plan, limiting the space linking one area with another and minimising complex details. This makes it possible to use higher-quality materials and therefore minimise maintenance costs.
The entire project has been designed in accordance with ecological standards, to ensure the minimum possible environmental impact.

Der Hauptgestaltungsfokus war, eine semirurale Architektur zu schaffen, die mit ihrem Umfeld verschmilzt. Die Wohnstätte ist eine Holzkonstruktion, die auf einem Zementsockel ruht, deren Dach von einer Rasenschicht bedeckt ist. Hierbei handelt es sich um eine traditionelle Methode, die bei den alten typischen Häusern in Island sehr verbreitet ist. Das Architekturkonzept beruht hierbei auf einem einfachen und effizienten Grundriss, der den Durchgangsraum begrenzt und komplizierte Details minimiert. Dadurch lassen sich die Qualität der Materialien steigern und somit die Unterhaltungskosten senken.
Die gesamte Gestaltung ist nach ökologischen Standards mit der Zielsetzung geplant worden, die geringste Auswirkung auf die Umwelt hervorzurufen.

La conception s'est focalisée sur la création d'une architecture semi-rurale qui se fond dans son cadre. La maison est une construction en bois qui repose sur une dalle en ciment dont le toit est recouvert d'une couche de gazon, une méthode traditionnelle très utilisée dans les anciennes maisons typiques islandaises. Le concept architectonique est basé sur une solution de plan simple et efficace qui limite l'espace de circulation et réduit les détails complexes. Avec cela, la qualité des matériaux permet d'augmenter et de réduire ainsi le coût d'entretien.
Toute la conception a été prévue selon des standards écologiques afin de réduire au minimum l'impact environnemental.

El principal foco del diseño fue crear una arquitectura semirural que se fundiera con su entorno. La vivienda es una construcción de madera que descansa sobre una base de cemento cuyo tejado está cubierto por una capa de césped, un método tradicional muy utilizado en las antiguas casas típicas islandesas. El concepto arquitectónico está basado en una solución de plano simple y eficiente, que limita el espacio de circulación y minimiza los detalles complejos. Con ello, la calidad de materiales se puede aumentar y minimizar así el coste de mantenimiento.
Todo el diseño se ha ideado siguiendo unos estándares ecológicos con el objetivo de causar el mínimo impacto medioambiental.

Vegetation removed from the plot when work started was conserved and later replanted on the roof. This ensured the house was fully integrated into its surroundings.

Die an der Grabungsstelle vorhandene Vegetation wurde während des Bauprozesses bewahrt und schließlich auf dem Dach wieder eingepflanzt, was für eine absolute Einbindung der Wohnstätte in ihr Umfeld sorgt.

La végétation existante dans la zone excavée a été préservée pendant les travaux de construction afin de la replacer finalement sur le toit. De cette manière, l'intégration de la maison dans son cadre est absolue.

La vegetación existente en la zona excavada se preservó durante el proceso de construcción para reinstalarse finalmente en el tejado. De este modo la integración de la vivienda con su entorno es absoluta.

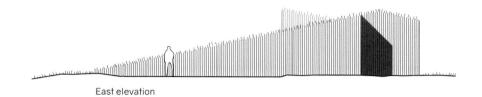

East elevation

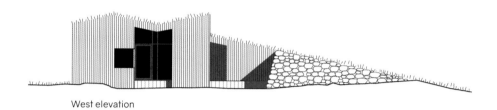

West elevation

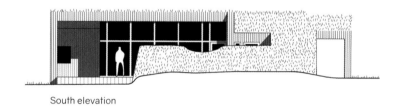

South elevation

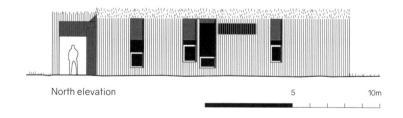

North elevation

5   10m

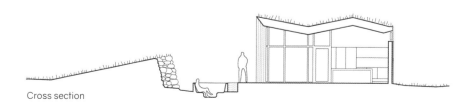

Cross section

The façade is lined with burned wood panelling, using the traditional Japanese *Shou Sugi Ban* method to improve the wood's durability and strength.

Die Fassade ist mit einem Körper aus gebranntem Holz verkleidet. Hierbei wurde die traditionelle japanische Methode *Shou Sugi Ban* angewandt, um die Haltbarkeit und Beständigkeit des Holzes zu steigern.

La façade est revêtue d'un panneau en bois brûlé recourant ainsi à une méthode traditionnelle japonaise, *Shou Sugi Ban*, qui permet d'augmenter la durabilité et la résistance du bois.

La fachada está revestida con un panelado de madera quemada, utilizando un método tradicional japonés, *Shou Sugi Ban*, para aumentar la durabilidad y resistencia de la madera.

The living and dining areas are right in the heart of the house and open to the kitchen. The floor is polished concrete and the walls and ceiling are lined with wood panels, following the same pattern as the outer cladding.

Wohn- und Esszimmer, die im Herzen des Hauses liegen, bleiben zur Küche hin offen. Der Boden ist aus poliertem Estrich, während Wände und Dach als Folge der Anordnung der Außenverkleidung mit Holzpaneelen verkleidet sind.

Le séjour et la salle à manger, situés au cœur de la maison, donnent sur la cuisine. Le sol est en béton ciré et les murs et le plafond sont revêtus de panneaux en bois selon la disposition du revêtement extérieur.

La sala de estar y el comedor, ubicados en el corazón de la casa, quedan abiertos a la cocina. El suelo es de cemento pulido y las paredes y el techo están revestidos con paneles de madera siguiendo la disposición del revestimiento exterior.

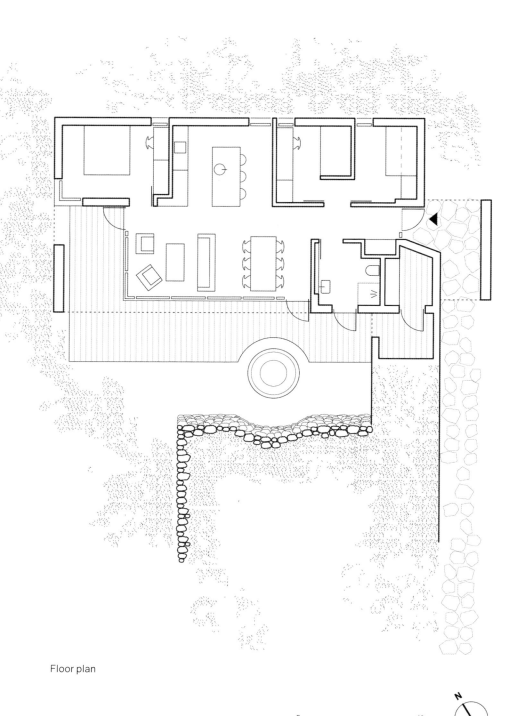

Floor plan

5   10m

N

This project takes shape in a residential area developed thirty years ago, where the buildings must follow the same layout and floor plan and have similar sloping roofs as a unifying element.

The design of this house represents an architectural alternative for future development of the area, without breaking any of its rules. The sloping roof was used to create a central atrium in order to unify the interior space. To ensure all the space created was useful, the footprint of the building was retained on the ground floor only, making the first floor smaller and creating a wraparound terrace to connect to the outside. To deal with the sloping terrain, part of the house was constructed below ground to create the illusion of less height.

Dieses Projekt entstand in einer Wohngegend, die vor dreißig Jahren erschlossen wurde, deren Wohnstätten als Symbol der Identität im Grundriss dem gleichen Raumaufteilungsmuster folgen und eine Dachschräge haben müssen.

Die Gestaltung dieses Hauses stellt eine architektonische Alternative dar, welche die Regeln für die künftige Erschließung der Gegend nicht verletzt. Die Form der Dachschräge wurde genutzt, um durch die Schaffung eines zentralen Innenhofs die räumliche Identität des Innenraums zu vereinheitlichen. Um zu vermeiden, wenig nützlichen Raum zu bauen, wurde der Charakter des Gebäudes nur im Erdgeschoss bewahrt und auf der ersten Etage weniger beachtet. Dadurch entstand eine Terrasse, welche die Wohnstätte umgibt und mit dem Außenbereich verbindet. Da es sich auf einem geneigten Gelände befindet, wurde ein Teil des Hauses in die Erde eingelassen, um das Gefühl einer geringeren Höhe zu schaffen.

Ce projet est réalisé dans une zone résidentielle construite il y a de cela trente ans dont les maisons doivent respecter le même modèle de répartition sur le plan et avoir un toit incliné comme symbole d'identité.

La conception de cette maison suppose une alternative architectonique sans pour autant rompre avec les normes pour le futur développement de la zone. On a utilisé la forme du toit incliné pour unifier l'identité spatiale de l'intérieur en créant une cour centrale. Pour éviter de construire un espace peu utile, on a conservé le cachet du bâtiment uniquement au rez-de-chaussée, réduisant le premier étage pour créer ainsi une terrasse autour de la maison et qui la relie à l'extérieur. S'agissant d'un terrain incliné, on a enterré une partie de la maison pour créer une perception de moindre hauteur.

Este proyecto tiene lugar en una zona residencial, desarrollada hace treinta años, cuyas viviendas deben seguir un mismo patrón de distribución en el plano y tener un tejado inclinado, como símbolo de identidad.

El diseño de esta casa supone una alternativa arquitectónica, sin romper las normas, para el futuro desarrollo de la zona. Se utilizó la forma de tejado inclinado para unificar la identidad espacial del interior a través de la creación de un atrio central. Para evitar construir espacio poco útil, se conservó la huella del edificio solo en la planta baja, haciendo menor el primer piso y creando así una terraza que rodea la vivienda y la conecta al exterior. Al estar en un terreno inclinado, se enterró parte de la casa para crear una percepción de menor altura.

The first floor was positioned to allow the creation of a large terrace on the southern side of the house. The terrace appears to float above the ground and creates a living area perfect for eating or relaxing in the open air.

Die erste Etage wurde so platziert, dass sich eine große Terrasse an der Südseite schaffen ließ, die über dem Boden zu schweben scheint, wodurch ein Wohnbereich entsteht, in dem die Bewohner im Freien essen oder sich entspannen können.

Le premier étage est de telle sorte qu'il serait possible de créer une grande terrasse côté sud qui paraîtrait flotter au-dessus du sol permettant ainsi d'avoir un séjour où l'on peut manger ou se détendre en plein air.

La primera planta se posicionó de tal forma que se pudiera crear una gran terraza en el lado sur, que parece flotar sobre el suelo, permitiendo tener así una zona de estar donde comer o relajarse al aire libre.

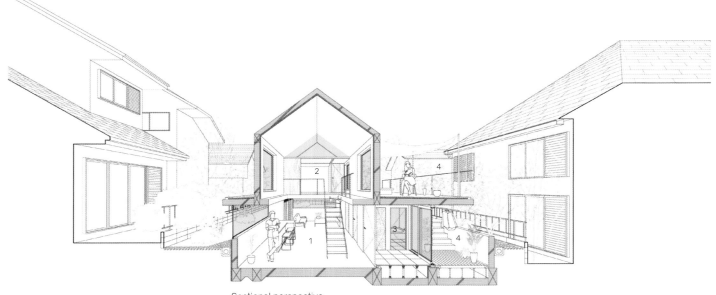

Sectional perspective

1. Living/Dining/Kitchen
2. Hobby room 2
3. Washroom
4. Terrace

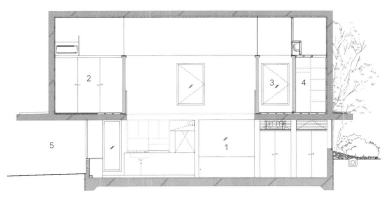

Section

1. Living/Dining/ Kitchen
2. Bedroom
3. Hobby room 2
4. Storage room
5. Parking

The open-plan design creates a sense of spatial continuity which continues through to the outside. This is reinforced by the use of the same range of materials, concrete and ash tree wood, throughout the building.

Das Öffnen der Grundrisse schafft ein Gefühl der Kontinuität des Raumes, das sich nach außen hin ausdehnt. Der Einsatz der gleichen Materialpalette sowie der Zement und das Eschenholz in der gesamten Wohnstätte leisten ihren Beitrag, um diese Wirkung zu erzielen.

L'ouverture des plans crée une sensation de continuité de l'espace qui se prolonge vers l'extérieur. L'utilisation de la même palette de matériaux, ciment et bois de frêne dans toute la maison contribue à rehausser cet effet.

La apertura de planos crea una sensación de continuidad del espacio que se prolonga hacia el exterior. El empleo de la misma paleta de materiales, cemento y madera de fresno en toda la vivienda, contribuyen a realzar este efecto.

Elevation

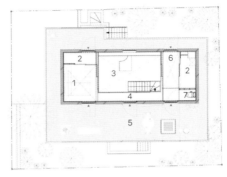

First floor plan

1. Bedroom
2. Storage room
3. Atrium
4. Bridge
5. Terrace
6. Hobby room 2
7. Toilet

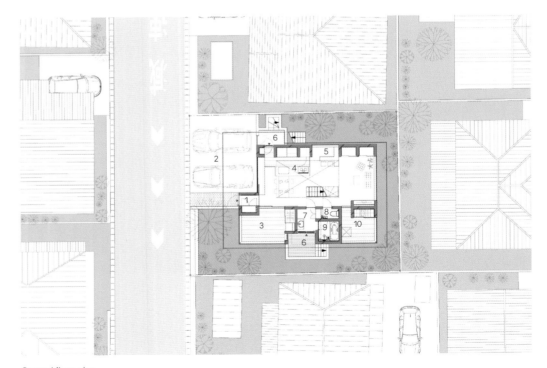

Ground floor plan

1. Entrance
2. Parking
3. Guestroom
4. Living/Dining/Kitchen
5. Bar
6. Terrace
7. Washroom
8. Toilet
9. Bathroom
10. Hobby room 1

These two semi-detached wooden houses with zinc roofs sit on a plot pre-
viously occupied by a garage. A rectangular monolithic base with a sloping
gable roof, the design is inspired by typical houses in the area, with their
narrow façades and main volume, to reduce the visual impact of the new
construction. The two houses occupy the full depth of the plot, with outdoor spaces incorporated on both sides in the form of a garden and plat-
form accessible from the kitchen.
Strips of western red cedar wood were used to clad the outside, laid vertically to mimic the surrounding tress in a contemporary manner. With the
passaga of time the panels will fade to a more silvery tone.

Auf einem Gelände, auf dem früher eine Garage stand, wurden diese beiden einseitig angebauten Holzhäuser mit Zinkdächern errichtet. Die Gestaltung auf einer rechteckigem Grundfläche mit Satteldach wurde von den
typischen Eigenschaften der Umgebung, d.h. schmale Fassaden und ein
Hauptvolumen, inspiriert, um die Auswirkung des Neubaus auf die Straße
zu senken. Die beiden Häuser nehmen die gesamte Tiefe des Geländes ein
und verfügen über Außenräume, die an den Seiten platziert wurden und aus
einem von der Küche aus zugänglichen Garten und einer Plattform bestehen.
Für die Außenverkleidung wurden Zedernholzlamellen verwendet, die im
Laufe der Zeit einen silberfarbenen Ton annehmen. Diese wurden vertikal
angeordnet, um dadurch eine komplette Einbindung in die bewaldete Umgebung zu erzielen.

Ces deux maisons semi adossées en bois avec un toit en zinc sont situées
sur un terrain qui était autrefois occupé par une grange. La conception, une
base monolithique rectangulaire avec un toit incliné en bâtière, est inspirée des propriétés typiques du voisinage, avec des façades étroites et
un volume principal pour réduire l'impact de la nouvelle construction de la
rue. Les deux maisons occupent toute la profondeur du terrain avec des
espaces extérieurs intégrés aux côtés composés d'un jardin et d'une pla-
teforme accessibles depuis la cuisine.
Pour le revêtement extérieur, on a utilisé des plaques en bois de cèdre qui,
au fil du temps, prenne un ton plus argenté, avec une disposition verticale
pour obtenir une intégration totale dans le cadre boisé.

En un terreno anteriormente ocupado por un garaje se levantan estas dos
viviendas semiadosadas de madera con tejados de zinc. El diseño, una
base monolítica rectangular con un tejado inclinado a dos aguas, se inspi-
ró en las típicas propiedades del vecindario —con fachadas estrechas y un
volumen principal— para reducir el impacto de la nueva construcción en la
calle. Las dos casas ocupan toda la profundidad del terreno, con espacios
exteriores incorporados a los lados compuestos por un jardín y una plata-
forma accesibles desde la cocina.
Para el revestimiento exterior se emplearon lamas de madera de cedro, que
con el paso del tiempo adopta un tono más plateado, y con una disposición
vertical para conseguir así una integración total con el entorno arbolado.

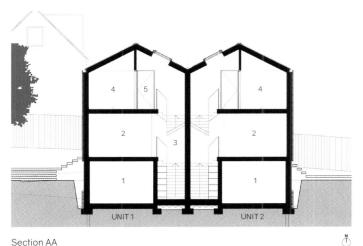

Section AA

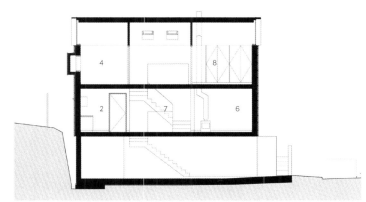

Section BB

1. Car port
2. Kitchen
3. Main staircase
4. Bedroom 2
5. Landing
6. Living room
7. Staircase
8. Master bedroom

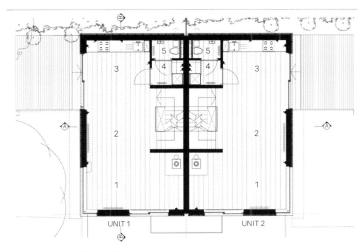

Ground floor plan

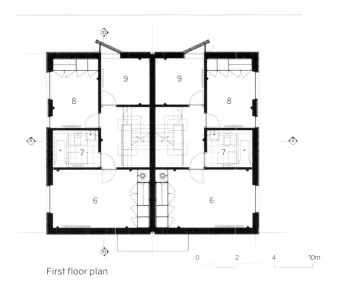

First floor plan

0   2   4   10m

1. Living room
2. Dining room
3. Kitchen
4. Laundry room
5. Toilet
6. Master bedroom
7. Bathroom
8. Bedroom 2
9. Study/Storage

The granite kitchen island, as well as being a work area and breakfast bar for informal dining, also separates the two areas without losing the sense of space and continuity.

Die Granitinsel in der Küche dient nicht nur als Arbeitsbereich und Theke für eine zwanglose Mahlzeit, sondern fungiert zudem als Raumteiler, ohne das Gefühl von Geräumigkeit und Kontinuität zu verlieren.

L'îlot en granit de la cuisine, en plus d'être le plan de travail et le bar pour les repas informels, sert de séparation des espaces sans pour autant perdre en sensation de grandeur et de continuité.

La isla de granito de la cocina, además de ser zona de trabajo y barra para una comida informal, sirve como separador de ambientes sin perder la sensación de amplitud y continuidad espacial.

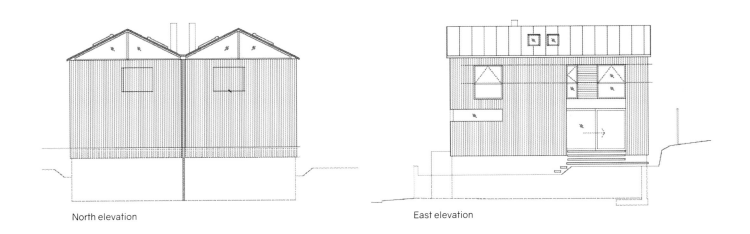

North elevation

East elevation

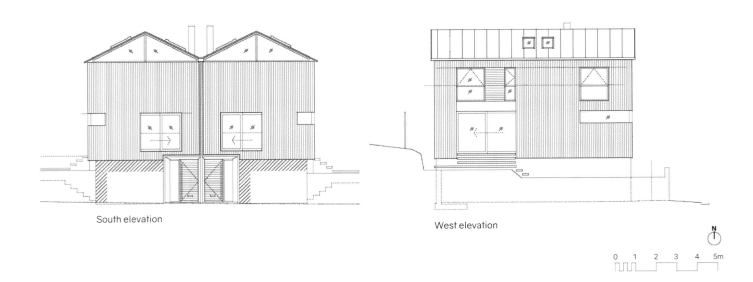

South elevation

West elevation

0 1 2 3 4 5m

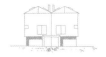

The design includes a high level corner window and Juliet balcony to the living room area. Whilst a glazed apex on the first floor allows light into the bedrooms and providing views of the sky without a loss of privacy.

Die Gestaltung zeigt ein einzelnes Fenster im Wohnzimmerbereich und eine verglaste Spitze auf der ersten Etage, die den Lichteinfall in die Schlafzimmer ermöglicht und die Bewohner den Blick in den Himmel genießen lässt, ohne auf Privatsphäre verzichten zu müssen.

La conception présente une fenêtre rectangulaire d'angle et une grande fenêtre carrée dans le salon et un sommet en verre au premier étage qui permet de faire entrer la lumière dans les chambres et profiter ainsi des vues du ciel sans perdre en intimité.

El diseño muestra una ventana alta esquinera rectangular y un ventanal cuadrado en la zona del salón, mientras que una cúspide acristalada en el primer piso permite entrar la luz a los dormitorios así como disfrutar de las vistas del cielo sin perder privacidad.

The design of this house arises from the solution to an apparent contradiction: each member of the family has a different lifestyle and sometimes wants to be alone, but also wants to spend time as a family. So, this house provides two different types of space within one space. The first is a house made from a frame construction and a large roof on top, the other, a house with a minimalist white rectangular space. Both exist simultaneously and depend on the other, forming one single building. The roof creates a feeling of uniformity and the frame construction divides the space, creating a forest-like space.
Two different types of space brought together, one a traditional architectural space and the other a modern minimalist style.

Die Gestaltung dieser Wohnstätte ergibt sich als Lösung zu einem offensichtlichen Widerspruch: Jedes Familienmitglied hat einen anderen Lebensstil und manchmal möchte es allein sein, genießt jedoch auch das Beisammensein mit der Familie. Und so vereint dieses Haus zwei verschiedene Arten von Raum in sich. Der erste ist ein Haus aus einer Rahmenstruktur und einem großen Dach darüber, der andere ist ein Haus mit einem minimalistischen rechteckigen Raum in Weiß. Beide bestehen gleichzeitig und hängen gegenseitig voneinander ab, indem sie eine einzige Architektur bilden. Das Dach schafft ein Gefühl der Einheit, wobei die Rahmenstruktur den Raum teilt und dadurch einen Ort schafft, der einem Wald ähnelt.
Zwei verschiedene Arten von Raum, einerseits traditionelle und andererseits moderne und minimalistische Architektur, zu einem Ganzen vereint.

La conception de cette maison est apparue comme une solution à une contraction évidente : chaque membre de la famille a un style de vie différent et, chacun souhaite être parfois seule tout en profitant d'être en famille. Ainsi, cette maison comprend deux types d'espace différents. Le premier est une maison composée d'une structure de cadres et d'un grand toit au-dessus de celle-ci et le deuxième est une maison avec un espace rectangulaire minimaliste blanc. Les deux coexistent, ils sont parasitaires l'un de l'autre formant ainsi une seule architecture. Le toit crée une sensation d'unité et la structure des cadres divise l'espace.
Deux types différents d'espace : une architecture traditionnelle et une autre minimaliste moderne, assemblées dans un tout.

El diseño de esta vivienda surge como solución a una aparente contradicción: cada miembro de la familia tiene un estilo de vida diferente y a veces quiere estar solo pero, al mismo tiempo quiere disfrutar de la familia. Así, esta casa la conforman dos tipos de espacio diferentes dentro de sí misma. Uno, es una casa compuesta de una estructura de marcos y un gran tejado sobre esta; el otro, una casa con un espacio rectangular minimalista blanco. Ambos existen simultáneamente, son parasitarios el uno del otro formando una sola arquitectura. El tejado crea una sensación de unidad y la estructura de marcos divide el espacio, creando un lugar similar a un bosque.
Dos tipos diferentes de espacio, una arquitectura tradicional y otra minimalista moderna unidos en un todo.

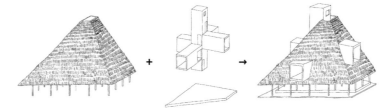

Construction diagram

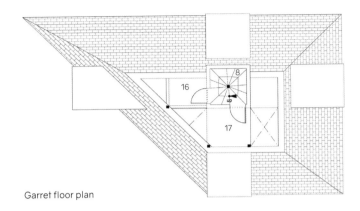

Garret floor plan

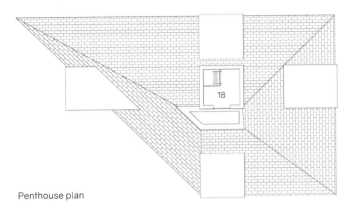

Penthouse plan

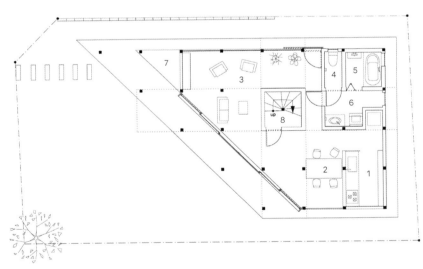

Ground floor plan

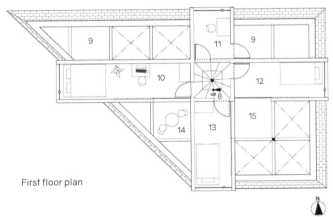

First floor plan

1. Kitchen
2. Dining area
3. Living room
4. Toilet
5. Bathroom
6. Lavatory
7. Veranda
8. Staircase
9. Storage
10. Bedroom
11. Study room
12. Children's room 1
13. Children's room 2
14. Inner balcony 1
15. Inner balcony 2
16. Garret 1
17. Garret 2
18. Penthouse

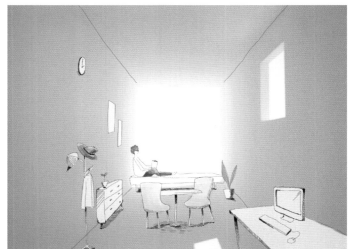

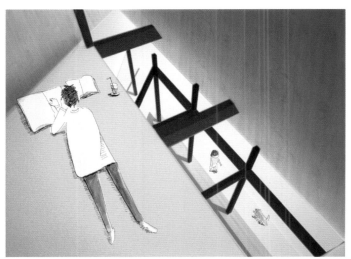

The wooden framework which makes up the structure creates a series of spaces independent from the communal areas, to read, play music or simply relax and enjoy the privacy.

Das Holzfachwerk, welches das Tragwerk bildet, schafft eine Reihe unabhängiger Räume in den Bereichen, in denen die Bewohner lesen, musizieren oder einfach entspannen und die Privatsphäre genießen können.

La structure en bois crée une série d'espaces indépendants aux parties communes dans lesquelles il est possible de lire, jouer de la musique ou simplement se détendre en toute intimité.

La entramado de madera que conforma la estructura crea una serie de espacios independientes a las zonas comunes en los que leer, tocar música o simplemente descansar gozando de intimidad.

The bedrooms look as if they have been dug into the roof, creating spaces almost like viewing galleries around the house, maintaining privacy as well as complete connection to the outside.

Die Schlafzimmer scheinen in das Dach gebohrt zu sein und schaffen rund um das Haus Räume, die Aussichtspunkten ähneln, welche für Privatsphäre sorgen und gleichzeitig eine umfassende Verbindung zur Außenseite bilden.

Les chambres semblent être percées dans le toit créant des espaces comme s'il s'agissait de miradors, autour de la maison qui conserve son intimité tout en ayant une connexion totale avec l'extérieur.

Los dormitorios parecen estar horadados en el tejado, creando unos espacios, como si de miradores se tratase, alrededor de la casa que mantienen privacidad a la vez que una conexión total con el exterior.

The concept for this house is based on recycled shipping containers. The main idea was to recycle something which is normally thrown away and use it to build an original and innovative house. The original walls of the metal shipping container are retained to create an industrial feel and make the most of the interior space.

The existence of unusual elements such as a main bedroom open to the bathroom area, with an outdoor shower and a window to the courtyard, a recycled spiral staircase, and the dividing walls made from recycled wood from barns, give this house a particular charm.

Le concept de cette maison repose sur des containers maritimes récupérés. L'idée principale fut de recycler un élément qui ne servait à rien à l'origine pour en faire une maison originale et innovante. Les murs en métal d'origine du container ont été conservés afin de créer un style industriel et profiter au maximum de l'espace intérieur.

La présence d'éléments hors du commun tels qu'une chambre parentale ouverte sur la baignoire ouverte, avec une douche extérieure et une fenêtre de cour, un escalier en spiral récupéré, ainsi que des séparations en bois de grange recyclé donnant un charme spécifique à cette maison.

Das Konzept dieser Wohnstätte stützt sich auf wiederverwertete Seefrachtcontainer. Der Grundgedanke war, ein Element aufzubereiten, das normalerweise zu nichts mehr dient, und ein originelles und innovatives Haus zu bauen. Die ursprünglichen Metallwände des Containers blieben erhalten, um einen Industrie-Look zu schaffen und den Innenraum maximal auszunutzen.

Das Vorhandensein von außergewöhnlichen Elementen wie einem Hauptschlafzimmer, das zur Badewanne hin offen ist, mit einer Außendusche und einem Innenhoffenster, eine recycelte Wendeltreppe sowie Abtrennungen aus recyceltem Scheunenholz verleihen diesem Haus besonderen Charme.

El concepto de esa vivienda tiene como base los contenedores marítimos recuperados. La idea principal fue reciclar un elemento que normalmente no servía para nada y construir una casa original e innovadora. Las paredes de metal originales del contendor se conservaron para crear un ambiente industrial y aprovechar al máximo el espacio interior.

La existencia de elementos fuera de lo común, tales como una habitación principal abierta a la zona de la bañera, con una ducha exterior y con una ventana de patio, una escalera en espiral recuperada, así como las divisiones de madera de granero reciclada, dotan a esta casa de un encanto especial.

On opening the door to the courtyard, the fusion between inside and outside is complete. All boundaries are eliminated and it is possible to enjoy a revitalising shower outdoors in the sun or under the stars.

Durch Öffnen der Innenhoftür entstehe eine absolute Fusion zwischen Außen- und Innenbereich. Grenzen werden aufgehoben — bis zu dem Punkt, an dem die Bewohner eine belebende Dusche unter dem Licht der Sonne oder der Sterne genießen können.

Lorsque la porte de la cour s'ouvre, la fusion entre l'extérieur et l'intérieur est absolue supprimant les limites jusqu'à profiter d'une douche revitalisante sous le soleil ou les étoiles.

Al abrirse la puerta patio, la fusión entre le exterior y el interior es absoluta, se eliminan los límites hasta el punto de poder disfrutar de una revitalizante ducha bajo la luz del sol o de las estrellas.

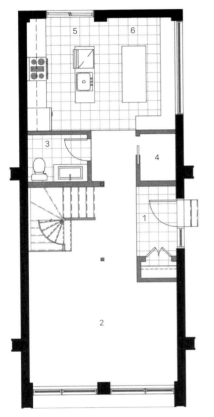

Ground floor plan

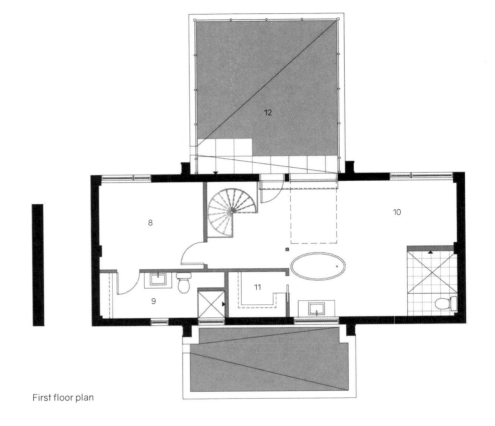

First floor plan

1. Entrance hall
2. Living room
3. Bathroom
4. Pantry
5. Kitchen
6. Dining room
7. Carport
8. Bedroom
9. Bathroom
10. Master bedroom
11. Walk-in closet
12. Roof terrace

The recycled wood used in the dividing walls provides a touch of quality to a clearly industrial aesthetic, characterised by the use of materials such as cement and steel and a neutral colour palette.

Das recycelte Holz der Abtrennungen schenkt einer eindeutig industriellen Àsthetik, geprägt durch den Einsatz von Materialien wie Zement und Stahl und einer neutralen Farbpalette, Wàrme.

Le bois récupéré des séparations apporte de la chaleur à une esthétique clairement industrielle caractérisée par l'utilisation des matériaux tels que le ciment et l'acier et une palette chromatique neutre.

La madera recuperada de las divisiones aporta calidez a una estética claramente industrial, caracterizada por el empleo de materiales tales como el cemento y el acero y de una paleta cromática neutra.

Following the client's instructions for a simple house, the architects designed a single-storey dwelling, a singular and notably elongated space housing the main bedroom at one end and the other two bedrooms at the opposite end for visiting family and other guests. The central space forms the main family area and connects directly to the outside.

The construction uses exposed concrete because of its sculptural qualities and also because it almost entirely eliminates the need for maintenance during the life of the house, making it ideal for a holiday home.

Im Einklang mit den Vorgaben des Kunden wurde hier eine einfache Wohnstätte entworfen, die sich auf einer einzigen Ebene erstreckt; ein einziger Raum mit deutlich langgezogener Proportion, in dem das Hauptschlafzimmer an einem Ende und die beiden anderen Schlafzimmer, wo Familienangehörige oder Besucher untergebracht werden können, am entgegengesetzten Ende liegen. Der zentrale Raum wurde als Ort der Begegnung für die ganze Familie konzipiert und stellt eine direkte Beziehung mit dem Außenbereich her.

Bei der Umsetzung wurde Sichtbeton verwendet, um dessen skulpturale Qualitäten auszunutzen und gleichzeitig fast vollständig eine spätere Pflege während der Lebensdauer des Hauses zu vermeiden, was sich als ideal erwies, da es sich um ein Sommerdomizil handelt.

La maison a été conçue de manière simple selon les indications du client. Il s'agit d'une maison de plain-pied avec un seul espace très allongé dans lequel se trouve la chambre parentale à une extrémité et les autres à l'opposé, pour la famille et autres visites. L'espace central a été conçu comme un espace où toute la famille se réunit et en contact direct avec l'extérieur.

Pour concrétiser la construction, on a utilisé du béton apparent cherchant ainsi à exploiter ses qualités sculpturales tout en évitant pratiquement l'entretien ultérieur de la maison. Idéal pour une résidence d'été.

Siguiendo las indicaciones del cliente, se diseñó una vivienda sencilla, resuelta en una única planta; un único volumen de proporción fuertemente alargada en el cual se ubicaron el dormitorio principal en un extremo y los otros dos en el opuesto, destinados para recibir a la familia u otras visitas. El espacio central se conformó como el área de encuentro de toda la familia y de relación directa con el exterior.

Para materializar la construcción se utilizó hormigón visto buscando explotar sus cualidades escultóricas y al mismo tiempo evitar casi por completo mantenimientos posteriores en la vida útil de la casa, resultando esto ideal al tratarse de una vivienda de veraneo.

The impressive bulk of concrete on the façade stands out more at night when the light filters through the windows at an angle and through the different openings.

Das eindrucksvolle Spiel der Volumina der Betonfassade wird nachts noch stärker betont, wenn das Licht durch die schräg angeordneten Fenster und die unterschiedlichen Öffnungen eindringt.

L'impressionnant jeu des volumes du béton de la façade est mis en relief d'autant plus la nuit lorsque la lumière filtre à travers les fenêtres en angle et les diverses ouvertures.

El impresionante juego de volúmenes de hormigón de la fachada se realza aún más de noche, cuando se filtra la luz a través de las ventanas en ángulo y de las diferentes aberturas.

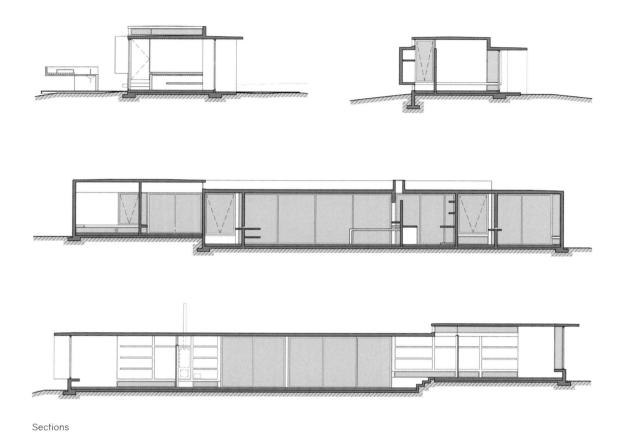

Sections

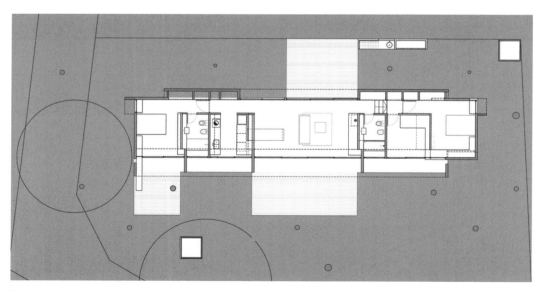

Floor plan

The uniformity of the materials used, in this case exposed concrete and wood and glazing, make the difference between outside and inside almost imperceptible and ensures the house is completely integrated into its surroundings.

Der einheitliche Einsatz der Materialien Sichtbeton und Holz sowie die Glasabschlüsse sorgen dafür, dass die Grenzen zwischen Innen- und Außenbereich kaum spürbar sind und die Integration in das Umfeld vollkommen ist.

L'uniformité de l'utilisation des matériaux, du béton apparent et du bois, ainsi que les cloisons en verre font que les limites entre l'intérieur et l'extérieur sont à peine perceptibles et, l'intégration dans le cadre est absolue.

La uniformidad en el empleo de materiales, hormigón visto y madera, así como los cerramientos acristalados hacen que los límites entre el interior y el exterior sean apenas perceptibles y que la integración en el entorno sea absoluta.

This group of houses, in a pretty Danish village, is a summer residence for a family of five. The project brings together five small houses set around a courtyard protected from the wind, as if a miniature village has been transplanted here. The layout is reminiscent of the traditional farms in the area. There is one house for the kitchen, one for the parents, another for the children, one for guests and lastly, a house for service areas and laundry. The ridges and ledges of all the houses are the same height, although the width and lengths differ. This gives the roofs a dynamic composition in relation to the houses around them.

Dieses in einem hübschen Dorf in Dänemark gelegene Ensemble ist ein Sommerdomizil für eine fünfköpfige Familie. Das Projekt ist die Vereinigung von fünf Häuschen, die um einen windgeschützten Patio angeordnet sind, als handele es sich um ein Dorf in Miniaturformat. Die Aufteilung erinnert an die Aufteilung der traditionellen Bauernhöfe der Gegend. Es gibt jeweils ein Haus für Küche, Eltern, Kinder, Gäste und schließlich ein Haus, in dem der Haushaltsraum untergebracht ist. Dachfirste und Gesimse haben jeweils die gleiche Höhe, während Länge und Breite variieren. Dies verleiht den Dächern eine dynamische Zusammenstellung in Bezug auf die Wohnstätten der Umgebung.

Situé dans un joli petit village du Danemark, ce complexe est une résidence d'été pour une famille de cinq personnes. Le projet est d'assembler cinq petites maisons autour d'une cour protégée du vent comme s'il s'agissait d'un petit village. Sa répartition rappelle les granges traditionnelles de la région. Il y a une maison pour la cuisine, une autre pour les parents, une autre pour les enfants, une autre pour les invités et enfin, une autre pour la buanderie et les sanitaires. Les linteaux et corniches de toutes ces maisons sont à la même hauteur, tandis que leur largeur et longueur varient. Ceci confère aux toitures une composition dynamique par rapport aux maisons des alentours.

Este conjunto, situado en un precioso pueblo de Dinamarca, es una residencia de verano para una familia de cinco miembros. El proyecto es la unión de cinco pequeñas casitas que se reúnen alrededor de un patio protegido del viento, como si de un pueblo en miniatura se tratase. Su distribución recuerda a la de las granjas tradicionales de la zona. Hay una casa para la cocina, otra para los padres, otra para los niños, otra para invitados y, por último, una para lavandería y servicios. Las cumbreras y cornisas de todas ellas tienen la misma altura, mientras que la anchura y longitud varían. Esto proporciona a los tejados una composición dinámica en relación a las viviendas de su alrededor.

The floor of the interior courtyard is paved with an extra layer of stone to conserve heat. The roofs and side walls are covered with sheets of corrugated aluminium and the front and back walls are Siberian larch wood.

Der Boden des Innenhofs ist mit einem dunkleren Stein gepflastert, um die Wärme zu speichern. Dächer und Seitenwände sind mit Bogen aus gewelltem Aluminium und die vorderen und hinteren Wände aus dem Holz der sibirischen Lärche bedeckt.

Le sol de la cour intérieure est revêtu d'une pierre plus obscure afin de conserver la chaleur. Les toits et murs sont recouverts de plaques d'aluminium ondulé et les murs des façades avant et arrière sont en bois de mélèze sibérien.

El suelo del patio interior está revestido con una piedra más oscura para conservar el calor. Los tejados y paredes laterales están cubiertos con láminas de aluminio corrugado y las paredes frontal y trasera de madera de alerce siberiano.

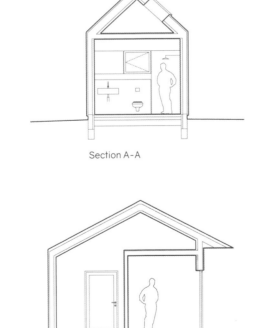

Section A-A

Section B-B

1m

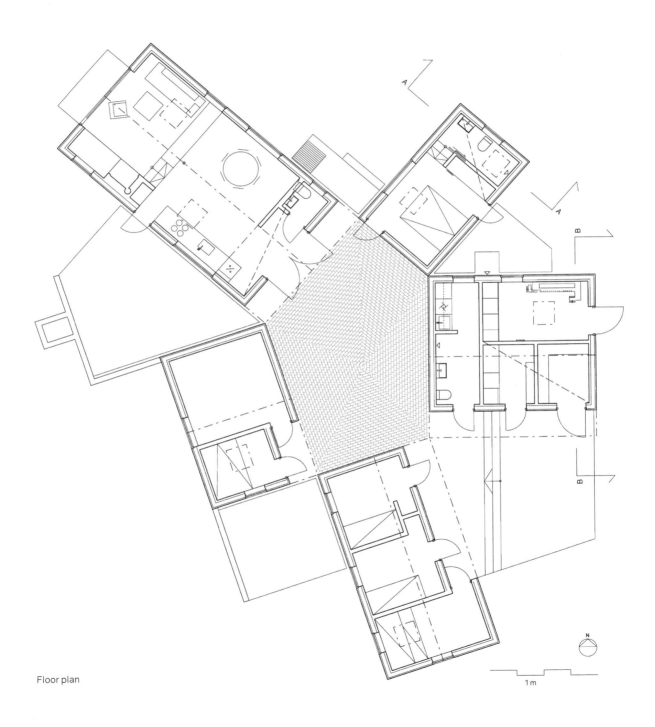

Floor plan

1 m

The interior décor of all the houses is white, to increase the feeling of light and provide a sense of freshness so sought after in the summer.

Bei der Inneneinrichtung sämtlicher Häuser hat der Planer auf Weiß gesetzt, das die Helligkeit verstärkt und für dieses Gefühl von Kühle sorgt, das im Sommer so gefragt ist.

Pour la décoration de l'intérieur de toutes les maisons, on a misé sur le blanc qui donne de la luminosité et procure une sensation de fraîcheur tant recherchée en été.

Para la decoración del interior de todas las casas se ha apostado por el blanco que potencia la luminosidad y aporta esa sensación de frescor tan buscada en verano.